개정판 머리말

이 책은 1937년에 5천 부를 찍으며 처음 출간되었다. 저자인 데일 카네기나 출판사 사이먼 앤 슈스터도 그 이상 팔릴 거라고 예상하지 못했다. 그러나 그들도 놀랍게 책은 하룻밤 사이에 돌풍을 일으켰고, 계속 증가하는 대중의 수요에 맞추어서 재판에 재판을 거듭했다.

이 책은 출판 역사에서 시대를 막론하고 전 세계에서 통하는 베스트셀러 중 하나로 자리매김했다. 경제 불황기 이후에 일어난 일시적인 유행을 넘어서 사람들을 자극했고 욕구를 채워주었는데, 1980년대에 이르기까지 거의 반세기가 지난 뒤에도 끊이지 않고 계속되는 책 판매량이 이를 입증한다.

데일 카네기는 영어에 관용구 하나를 더하는 것보다 백만 달러를 버는 것이 더 쉽다고 말하곤 했다. 그런데 원서 제목인 《How to Win Friends and Influence People ; 어떻게 친구를 얻고 사람들에게 영향을 미치는가》가 관용구처럼 인용되고 변형되고 각색되었으며,

정치 풍자만화에서 소설에 이르기까지 수많은 작품들에 사용되었다. 책 자체도 세상에 알려진 거의 모든 언어로 번역되었다. 각 세대가 이 책의 유용성과 가치를 새롭게 깨닫고 재발견했다.

따라서 우리는 자연스럽게 다음과 같은 의문을 갖게 되었다. 즉, 보편적이고 강력한 호소력이 입증되었고, 계속 재발견되고 있는 책을 왜 개정해야 하는가? 성공한 책에 왜 쓸데없이 손을 대야 하는가?

이 물음에 대한 답을 찾아보면서 우리는 데일 카네기가 생전에 자신의 책을 끊임없이 수정했음을 기억했다. 《인간관계론》은 그가 <효과적인 대화와 인간관계>라는 강의를 준비하면서 쓴 교재였고 지금도 사용되고 있다. 그는 1955년에 죽을 때까지, 늘어가는 수강생들의 변화하는 요구에 맞추기 위해서 강의를 계속 개선하고 발전시켰다. 변화하는 현대인의 삶에 데일 카네기보다 더 민감한 사람은 없었다. 그는 교수 방법을 끊임없이 향상시키고 개선했다. 교재 <효과적인 대화와 인간관계>도 여러 번 새롭게 바뀌었다. 그가 더 오래 살았다면 아마 이 책 《인간관계론》도 1930년대 이후의 세계적 변화를 더 잘 반영하도록 수정했을 것이다.

이 책에서 거론된 대다수의 사람들이 당시에는 유명

세를 누렸지만 오늘날의 많은 독자들에게는 낯선 인물이 되었다. 또 어떤 예나 문단들은 구식처럼 느껴져, 책에서 나누는 중요한 메시지와 전반적인 효과가 그만큼 약해졌다.

이러한 이유 때문에 개정판을 내는 우리의 목적은 책의 진의를 함부로 손대지 않으면서 현대의 독자들에게 더 명확하고 강력하게 전달하는 것이다. 우리는 몇 가지 예들을 빼고 좀 더 현대적인 예들을 더하는 것 외에는 '바꾸지' 않았다. 자신감 넘치고 경쾌한 카네기식 문체에 손을 대지 않았고, 1930년대의 속어도 그대로 두었다. 생동감 넘치며 일상에서 대화하듯이 글을 쓰는 데일 카네기의 스타일을 살려두었다.

이 책과 강의에서 여전히 그는 힘 있게 말한다. 카네기 코스에서 전 세계의 수많은 사람들이 훈련을 받고 있는데 그 수가 해마다 늘고 있다. 그리고 수많은 사람들이 이 책 《인간관계론》를 읽고 연구하며, 더 나은 삶을 살기 위해서 책에 언급한 원칙들을 적용하고 있다. 이 모든 사람에게 잘 갈고 닦은 개정판을 바친다.

- 도로시 카네기(데일 카네기 부인)

지은이 머리말

이 책을 어떻게 그리고 왜 썼는가

20세기의 첫 35년 동안 미국의 출판사들은 20만 종 이상의 다양한 책들을 출판했다. 그 책들 중 대부분이 매우 지루해서, 많은 책들이 결과적으로 재정적 파산을 초래했다. 내가 방금 '많은 책들'이라고 했는가? 사실 세계적인 대형 출판사 중 하나의 사장이, 자신은 75년 동안의 출판 경험에도 불구하고 여전히 출간한 책 여덟 권 중 일곱 권은 적자라고 고백했다.

그렇다면 나는 또 한 권의 책을 쓰는 무모한 일을 벌인 것일까? 그리고 내가 책을 썼다고 해서, 당신이 그 책을 읽어야 하는 이유는 과연 무엇인가? 둘 다 당연한 질문이다. 이 질문에 대한 대답이 쉽지는 않겠지만 성심껏 대답해 보겠다.

나는 1912년부터 뉴욕에서 사업가나 전문 직업인들을 위해서 강의를 했다. 처음에는 대중연설에 관한 강의였는데 그 목적은 수강생들로 하여금 사업상의 면담이나 대중연설 같은 상황을 직접 체험하게 함으로써 상대방의 입장에서 생각해 보고, 자신의 의견을 좀 더 분명하고 효과적이며 조리 있게 표현하도록 훈련하는 것이었다. 그런데 강의를 하면 할수록 수강생들에게 효과적으로 연설하는 훈련만큼, 사업상이나 사회생활을 통해 날마다 만나는 사람들과 잘 어울리도록 돕는 훈련이 더욱더 필요하다는 것을 깨달았다.

또한 나 자신에게도 그러한 훈련이 절실히 필요함을 점차 깨닫게 되었다. 수년 전의 나를 되돌아볼 때면, 빈번하게 드러냈던 기교나 이해 부족에 소름이 끼쳤다. 20년 전에 이와 같은 책이 내 손에 들려 있었다면 얼마나 좋았을까! 그랬다면 값을 매길 수 없을 만큼 귀중한 혜택을 입었을 것이다.

특별히 사업을 하고 있다면, 아마도 사람들과 상대하는 일이 당신이 직면한 가장 큰 문제일 것이다. 가정주부이거나 건축가 또는 엔지니어여도 마찬가지일 것이다. 몇 년 전에 카네기 교육진흥재단의 후원으로 진행한 조사에서 사람을 상대하는 일은 관리 분야뿐만 아니라 기술 분야에서도 한 사람의 경제적인 성공의 약 15퍼센트는 전문적인 지식에 기인하고, 약 85퍼센트는 사람을 다루는 기술, 곧 성격과 사람들을 이끄는 능력에 기인한다는 매우 중요하고 의미 있는 사실이 밝혀졌고, 나중에 카네기 기술연구소의 추가 연구로 그 사실이 확증되었다.

수년 동안 나는 필라델피아의 엔지니어 클럽에서 매 시즌 강의를 맡았고 미국 전기기사연구소의 뉴욕 지부에서도 강의를 했다. 아마도 총 1천5백 명 이상의 엔지니어들이 내 강의를 들었을 것이다. 그들은 자기 분야에서 높은 연봉을 받는 사람들이 전문 지식이 뛰어났기 때문만은 아니라는 사실을 수년간의 관찰과 경험으로 알았기에 강의를 들으러 왔다.

예를 들어 설명하면, 엔지니어링이나 회계학, 건축 또는 다른 어느 직종에서든 기술만 갖고 있는 사람을 고용하려면 주급 25달러에서 50달러면 충분하다. 게다가 고용 시장은 이런 사람들로 넘쳐난다. 그러나 기술적인 지식에 자기 생각을 표현하고 리더십을 발휘하며 사람들에게 열정을 불러일으키는 능력이 있다면, 더 높은 보수를 얻을 수 있는 자리로 나아갈 수 있다.

존 D. 록펠러는 한창 활동할 때 "사람을 다루는 능력은 설탕과 커피 같은 일용품을 살 수 있는 능력과 같다. 나는 무엇보다 그 능력을 얻는데 값을 더 지불하겠다."라고 말했다.

모든 대학이 세상에서 가장 값진 이 능력을 계발시킬 수 있는 강좌를 열어야 한다고 생각하지 않는가? 만일 이 세상의 단 한 대학에서라도 성인을 대상으로 한 이런 종류의 실용적이고 상식적인 강의가 있었다면 나는 이 책을 집필하지 않았을 것이다.

시카고 대학과 YMCA 연합학교들은 성인들이 정말로 배우고자 희망하는 것들을 조사하기 위해, 2년여의 시간 동안 2만 5천 달러를 투자했다. 조사 마지막 단계는 미국의 전형적인 도시인 코네티컷 주 메리든에서 실시했다. 메리든의 모든 성인이 인터뷰에 응해 156문항에 답을 했다. 질문은 '직업, 전공, 여가 시간에 무엇을 하는가, 수입, 취미, 야망, 문제들은 무엇인가, 가장 배우고 싶은 주제는 무엇인가' 등이었다.

이 조사를 통해서 성인들의 첫 번째 관심사는 건강이고, 두 번째는 사람들임이 밝혀졌다. 즉 어떻게 사람들을 이해하고 그들과 어울리는가, 어떻게 하면 사람들로 하여금 자신을 좋아하게 하는가, 어떻게 하면 사람들을 설득하는가를 알고 싶어 했다. 따라서 조사를 진행한 위원회는 메리든에서 이러한 주제로 성인을 위한 강좌를 개설하기로 결정했다. 그들은 주제와 관련된 실제적인 교재를 열심히 찾아보았지만 한 권도 찾아내지 못했다. 결국, 성인 교육 분야에서 세계적으로 걸출한 권위자에게 그 강의에 맞는 책을 알고 있는지 물었다. 권위자가 대답했다.

"아니요. 저는 사람들이 무엇을 원하는지 알지만 그들이 필요로 하는 책은 아직 쓰인 적이 없습니다."

나는 이 대답이 사실임을 경험으로 알았다. 나 자신도 수년 동안 인간관계에 관한 실제적이고 실용적인 안내서를 찾아봤지만 그러한 책을 찾지 못했기 때문에, 강의를 준비하면서 내가 직접 한 권을 썼다. 그것이 바로 이 책이다. 당신이 이 책을 좋아하길 바란다.

책을 준비하면서 나는 주제와 관련해 내가 찾을 수 있는 모든 것을 읽었다. 신문 칼럼에서부터 잡지 기사, 가정법원의 기록, 옛 철학자들과 현대 심리학자들의 글에 이르기까지 모든 것을 말이다. 거기다가 전문 조사원을 고용하여 1년 반 동안 여러 도서관에서 내가 놓친 모든 것들을 읽게 했다.

심리학에 관한 두꺼운 책들을 읽었고, 수백 권이 넘는 잡지 기사들을 자세히 살펴보았으며, 셀 수 없이 많은 전기들을 뒤져서 각 세대의 위대한 리더들이 사람을 어떻게 다루었는지 알아보았다. 그들의 전기를 읽었다. 줄리어스 시저에서부터 토마스 에디슨까지 모든 위대한 리더들의 생애를 읽었다. 시어도어 루스벨트의 전기만 해도 백 권 넘게 읽은 기억이 난다. 수세대에 걸친, '친구를 얻고 사람들에게 영향을 미치기 위해서' 적용된 실제적인 견해들을 발견하려고 시간과 비용을 아끼지 않았다. 또한 나는 성공한 사람들 20명을 개인적으로 인터뷰했는데 그중에는 세계적으로 이름이 알려진 마르코니와 에디슨 같은 발명가와 프랭클린 D. 루스벨트나 제임스 팔리 같은 정치가, 오웬 D. 영 같은 사업가, 클라크 케이블이나 메리 픽포드 같은 영화배우, 마틴 존슨 같은 탐험가들이 있다. 나는 그들이 인간관계에서 사용했던 기교들을 발견하려고 노력했다.

이 모든 자료로부터 나는 짧은 강의를 하나 준비했는데, <어떻게 친구를 얻고 사람들에게 영향을 미치는가>라고 이름 붙였다. '짧다.' 고 한 것은 처음에는 정말 짧았기 때문이다. 그런데 곧 확장되어서 한 번 강의하는데 1시간 반이 걸렸다. 수년 동안 나는 이 강의를 뉴욕 카네기 연구소의 성인반 코스에서 매 학기마다 진행했다.

수강생들에게 강의를 들은 뒤에 사업장이나 사회 현장에 나가서 직접 테스트하라고 강조했다. 그러고는 그들이 이루어낸 경험과 결과들에 대해서 발표하게 했다. 얼마나 흥미진진한 과제였던지! 자기 발전을 갈망하던 사람들은 그것을 새로운 실험, 곧 인간관계에 관한 한 최초의 실험이라는 생각에 매료되었다.

이 책은 일반적인 의미에서 '쓰다.' 라는 개념과는 다르게 쓰였다. 마치 아이들처럼 자랐다. 수많은 성인들의 경험으로부터 성장하고 발전했다. 처음 강의는 우편엽서보다 작은 카드 한 장에 규칙 한 세트를 써놓고 시작했다. 그 다음 학기에는 그보다 조금 더 큰 전단지만한 것으로, 그 다음에는 한 벌의 소책자로 매번 크기와 영역을 넓혀갔다. 이렇게 이 책은 15년의 실험과 연구를 통해 세상에 나왔다. 이 책에 적어둔 규칙들은 단순한 이론이나 어림짐작이 아니다. 신비롭게도 효과가 있다. 이 원칙들을 적용하자 많은 사람들의 삶이 획기적으로 변하는 것을 나는 목격했다.

예를 들면, 직원이 314명인 한 경영자가 내 강의를 들었는데, 그는 수년 동안 자기 직원들을 분별없이 마구 몰아치면서 비판하고 비난했다. 친절한 말과 칭찬 또는 격려는 그와 거리가 멀었다. 그런 그가 이 책에서 다룬 원칙들을 배운 뒤, 자신의 생활 철학을 완전히 바꾸었다. 그의 업체는 지금 새로운 충성과 열정, 협동정신으로 고무되었다. 그에게 314명의 적이 친구로 바뀌었다. 그가 수강생들 앞에서 자랑스럽게 이야기했다.

"회사에 가면 아무도 제게 인사를 하지 않았습니다. 직원들은 제가 다가가면 다른 곳을 바라보곤 했죠. 하지만 지금은 그들 모두가 저의 친구이고, 수위는 제 이름을 부르면서까지 반깁니다."

이 고용주는 더 많은 수익과 더 많은 여가-이것은 대단히 중요하다.-를 얻게 되어서 직장과 가정에서 훨씬 더 행복하게 되었다.

무수히 많은 영업사원들이 이 원칙들을 활용하여 판매 실적이 급격히 올라갔다. 많은 사람들이 이전에는 아무리 애를 써도 불가능했던 새 은행 계좌를 개설했고, 경영진들의 권위와 임금도 높아졌다. 강의 마지막 시간에 연 축하연에 참석한 많은 부부들이 가정이, 남편 또는 아내가 이 훈련을 시작하기 전과 비교해서 훨씬 더 행복해졌다고 입을 모아 말했다. 많은 수강생들이 자신들이 이루어낸 새로운 결과들에 깜짝 놀라며 아주 신기하게 여겼다.

한 남자는 강의에 크게 감동을 받고서 다른 수강생들과 함께 밤늦게까지 앉아 이야기꽃을 피웠다. 또 어떤 사람은 새벽 3시까지 잠을 이루지 못했는데, 그동안의 자신의 실수를 깨달았고 앞으로 펼쳐질 새롭고 더 풍요로운 세상을 내다보며 감격했기 때문이다. 그는 그날 밤과 그 다음 날, 또 그 다음 날 밤에도 잠을 이루지 못했다. 그는 어떤 사람이었을까? 세상 경험이 없는 순진한 사람이었을까? 아니다, 그런 사람과는 거리가 멀었다. 그는 세련되고 세상 물정에 밝은 예술품 딜러로, 3개 국어를 유창하게 구사할 수 있고 유럽에서 대학을 2곳이나 졸업한 도시의 유명 인사였다.

나는 이 머리말을 쓰는 동안 한 독일인에게서 편지 한 통을 받았다. 그는 선조들이 수세대에 걸쳐 호엔촐레른 왕가에서 군 장교를 지낸 귀족 출신이었다. 대서양 횡단 증기선을 타고 온 그의 편지는, 이 원칙들을 실제로 삶에 적용하자 자신에게 거의 종교적인 열정이 일어난 듯했다는 내용을 전해왔다.

또 하버드대를 졸업한 한 노련한 뉴요커는 큰 카펫 공장을 소유한 부자인데, 14주에 걸친 '사람들에게 영향을 미치는 세련된 기술' 에 관한 교육 프로그램에서 4년 동안의 대학교육에서보다 더 많은 것을 배웠다고 밝혔다. 터무니없고 우스꽝스러운 이야기라고? 환상적이라고? 물론 당신은 당신이 말하고 싶은 대로 말하며 이 이야기를 무시할 수 있다. 나는 1933년 2월 23일 목요일 저녁, 뉴욕의 예일 클럽에서 크게 성공한 한 하버드 졸업생이 6백여 명의 청중 앞에서 선언한 것을 가감 없이 그대로 옮겨 적었을 뿐이다.

하버드대의 유명한 윌리엄 제임스 교수가 말했다.

"우리가 마땅히 되어 있어야 할 수준과 비교하면 우리는 단지 반만 깨어 있을 뿐이다. 우리는 육체적, 정신적 자원의 아주 적은 부분만 사용하고 있다. 따라서 대체적으로 개개인의 인간은 자기 한계에 훨씬 못 미치는 삶을 살고 있다. 인간은 다양한 종류의 능력들을 갖고 있는데, 평소에 그것들을 사용하지 못하고 있다."

당신이 '평소에 사용하지 못하는' 능력들! 이 책의 유일한 목적은 당신이 사용하지 않고 있는 잠자는 그 자질들을 계발하여 이익을 얻도록 돕는 것이다.

프린스턴 대학의 전 총장이었던 존 G. 히븐 교수는 '교육이란 삶의 상황들을 충족시키는 능력'이라고 말했다. 만일 당신이 이 책의 제3장까지 읽고 나서도 삶을 충족시킬 능력을 조금이라도 더 얻지 못했다면, 이 책이 당신에게는 완전히 실패했음을 인정하겠다. 허버트 스펜서는 '교육의 위대한 목표는 지식이 아니라 행동'이라 말했고, 이 책도 행동에 관한 책이기 때문이다.

- 데일 카네기 *Dale Carnegie*

옮긴이 머리말

어떻게 친구를 얻고 사람들에게 영향을 미치는가

'어떻게 친구를 얻고 사람들에게 영향을 미치는가?'

누구나 해보았을 물음이다. 이것은 동서고금 남녀노소를 불문하고 모든 사람의 주요 관심사, 즉 인간관계에 대한 관심을 잘 보여주며 이 책의 원제이기도 하다. 현대인들이 그토록 추구하는 부, 성공, 건강, 명예, 사랑 등은 모두 인생의 행복이라는 궁극적 목적을 이루기 위한 목표들인데, 이러한 것들을 얻는데 디딤돌 내지는 걸림돌이 되는 것이 바로 인간관계이다.

이 책은 바로 이 '인간관계'에 대해서 직접적으로 다룬다. 정치가나 사업가, 직장인들이 각자 자기 분야에서 성공하기 위해서, 또한 일상생활에서 가족과 친구, 이웃과 어울리며 사람들에게 좋은 인상을 주고 만나는 사람들과 친밀한 관계를 유지하는 것이, 전문 기술을 갖는 것보다 더 중요하다는 사실은 21세기를 살고 있는 현대인이라면 누구나 잘 알고 있을 것이다.

1936년에 처음 출간된 이 책은 이러한 인간관계에 대해 고민하는 사람들에게 좋은 지침서이자 사람들을 이해할 수 있도록 돕는 훌륭한 안내서이다. 거의 1세기 전에 나온 이 책이 오늘날에도 독자들에게 중요한 필독서가 될 수 있는 이유는 인간에 대한 깊이 있고 실제적인 관찰과 지식, 경험, 실례들 때문일 것이다. 흔히 사교성, 사회성이라는 것은 타고난다고 생각할 수 있지만, 인간관계를 잘 맺는 기술도 배우고 향상시킬 수 있다.

먼저 사람의 본성에 대해 바른 견해를 갖고, 사람에 대한 마음 자세부터 바르게 가짐으로써 시작할 수 있다. 이 책은 '나보다 남이 낫다고 여겨라.' '남에게 대접을 받고자 하는 대로 너희도 남을 대접하라.' '진심으로 칭찬하라.' 와 같은 보편 진리들을 기본 바탕에 깔고 있다. 여기에서부터 사람을 다루는 기본적인 기술, 당신을 좋아하게 만드는 방법, 설득하는 방법, 사람을 변화시키는 방법들과 같은 실제적인 원칙들을 끌어낸다. 책에서 제시하는 원칙들은 생소하거나 어려운 것이 아니다. 이미 누구나 들어보았지만 그 가치를 깊이 새기지 못하고 따라서 잘 실천하지 않는 기본 덕목에서부터 나아가는데, 저자는 그 중요성을 실감나게 보여줌으로써 독자가 실천하지 않고는 못 배기게 만든다.

저자는 링컨, 카네기, 루스벨트, 벤저민 프랭클린 같은 동서고금의 위대한 인사들과 유명한 사업가, 음악가 그리고 우리같이 평범한 사람들의 예를 적절히 제시하면서 성공적인 인간관계의 원칙들을 독자의 머릿속에 각인시킨다. 그럼으로써 이 책을 읽는 사람도 실제 자기 삶에 적용하고 싶게 만드는 것이 이 책의 큰 매력이며 장점이다. 본인도 이 책을 옮기는 도중에, 지나온 삶을 돌아보며 이 원칙들을 몰라 실수했던 일들을 얼마나 후회했던지!

이 책은 원래 강의 교재로 개발되었기 때문에 이해하기 쉽고, 또 삶에 실제적으로 적용할 수 있도록 중요한 원칙들이 잘 정리되어 있다. 실제 사례의 범위는 정치, 역사, 사업, 가정, 일상을 모두 아우르고, 등장하는 인간관계도 한 나라의 대표들, 정치가들, 기업의 전문 경영인들, 노사간, 사제지간, 부모와 자녀 간, 부부간 등 다양하다. 직장인들이나 사업가들, 정치가들뿐만이 아니라 앞으로 살아갈 삶에 대해 기대와 열정이 가득한 청년들에게도 흥미롭고 유익한 교양서가 될 것이다. 독자들도 어서 이 책을 읽고 책에서 제시한 원칙들을 실제로 삶에서 실천하여 그 열매들을 맛보는 행복을 누려보길 바란다.

차 례

제3장 상대방을 설득하는 방법

제4장 분노나 원한을 사지 않고 상대방을 변화시키는 방법

이 책에서 최대의 효과를 얻을 수 있는 9가지 방법

1. 이 책에서 최대의 효과를 얻고자 한다면 반드시 필요한 한 가지 조건, 곧 다른 어떤 규칙이나 기교보다 훨씬 중요한 필수 조건이 있다. 이 기본이 되는 필수 조건을 갖추지 않으면 다른 천 개의 규칙들도 다 쓸모가 없을 것이다. 그러나 이 기본적인 조건을 얻는다면, 다른 제안들을 읽지 않아도 놀라운 성과를 거둘 수 있다.

이 신비한 요구 조건은 무엇인가? 바로, 사람을 다루는 능력을 증가시키는 법을 배우고자 하는 깊고 열정적인 갈망, 단호한 결심이다.

이러한 갈망을 어떻게 계발하는가? 그것은 이 원칙들이 얼마나 중요한가를 스스로 끊임없이 되새겨봄으로써 가능하다. 이 원칙들을 숙달한다면 좀 더 풍요롭고 충만하며 행복하고 충족된 삶을 영위하는데 얼마나 도움이 될지를 그려보라. 그리고 자신에게 반복해서 말해보라. '나의 명성과 행복과 가치는 사람들을 다루는 기술에 따라 크게 달라진다.'

2. 처음에는 전체적인 내용 파악을 위해서 각 장을 빠르게 읽어라. 그러나 그저 재미 삼아 읽는 것이 아니라면 거기에서 그치지 마라. 인간관계에서의 기술을 높이길 원해서 읽는 것이라면 되돌아가서 각 장을 정독하라. 길게 볼 때 이렇게 하는 것이 시간을 절약하고 원하는 결과들을 얻게 할 것이다.

3. 읽는 도중에 자주 무엇을 읽었는지 숙고하지 마라. 단지 각각의 제안들을 어떻게 그리고 언제 적용할 수 있을지 스스로 질문해 보라.

4. 읽을 때 필기구를 들고서, 당신이 할 수 있을 것 같은 제안이 나오면 그 밑에 줄을 그어라. 별 네 개짜리 제안이 있으면 강조 표시를 하라. 책에 표시를 해두면 더 관심을 갖게 되고, 나중에 쉽고 빠르게 볼 수 있다.

5. 나는 15년 동안 큰 보험회사에서 관리자로 일하고 있는 한 여성을 안다. 그녀는 자기 회사에서 매달 내놓는 보험계약서 약관들을 모두 읽는다. 이렇게 해서 그녀는 동일한 많은 계약들도 매달, 매년 읽는다. 왜 그렇게 하는가? 그렇게 하는 것이 계약 규정들을 명확하게

기억할 수 있는 유일한 방법임을 경험으로 배웠기 때문이다.

나는 대중연설에 대한 책을 거의 2년이 걸려서 썼지만, 그 내용을 기억해 내기 위해서는 때때로 기억을 더듬어야 했다. 우리가 잊는 속도는 정말 놀라울 정도다.

그러므로 이 책에서 얻은 이익을 실제적이면서 오래 지속시키기를 원한다면, 한 번 대강 훑어보는 것으로 충분할 거라고 생각하지 마라. 처음부터 끝까지 읽은 다음에는 매달 몇 시간씩 재음미해 보아야 한다. 책상 앞에 두고서 자주, 날마다 훑어보라. 가까운 미래에 일어날 큰 향상을 기대하면서 계속 마음에 새겨라. 오직 지속적이고 적극적으로 다시 읽고 적용해야만 이 원칙들이 습관화될 수 있다는 것을 기억하라. 이것 말고 다른 방법은 없다.

6. 버나드 쇼는 일찍이 다음과 같이 지적했다. "어떤 사람에게 무언가를 가르친다면, 그는 절대로 배우지 못할 것이다." 버나드 쇼가 옳았다. 배움이란 능동적인 과정이다. 우리는 행동함으로써 배운다. 그래서 이 책에서 공부한 원칙들을 숙달하길 원한다면 관련된 것을 행하라. 이 규칙들을 기회가 될 때마다 적용하라. 그렇지 않으면 곧 잊어버릴 것이다. 사용한 지식만이 잊히지 않는다.

아마 이 제안들을 항상 적용하기는 어려울 것이다. 내가 이 책을 썼기 때문에 안다. 나는 이 책을 썼음에도 불구하고 내가 제안한 모든 것을 적용하기가 어렵다는 사실을 자주 발견한다. 그러므로 그저 정보만 얻으려고 이 책을 읽는 게 아님을 기억하라. 새로운 삶의 방식을 시도하는 것이다. 시간과 끈기가 필요하고, 날마다 적용하는 것이 필요하다.

그러므로 이 책을 자주 참조하라. 인간관계에 관한 기본 안내서로 삼아라. 그리고 자녀를 다루거나, 배우자를 설득하거나, 화가 난 고객을 진정시키는 등 특정한 문제가 발생할 때마다 반사적이거나 충동적으로 행동하는 대신에 이 책을 펼쳐서 당신이 밑줄을 그은 단락들을 다시 보라. 새로운 방식들을 시도해 보고, 그것이 신비한 효과를 내는 것을 지켜보라.

7. 당신의 배우자나 자녀 또는 동료에게 당신 자신이 정한 원칙을 어길 때마다 벌금을 내겠다고 약속하라. 이 규칙들을 숙달할 수 있도록 게임처럼 즐겨라.

8. 월 가의 한 대형 은행 은행장이 내 강의 시간에 수강생들 앞에서 자기 향상을 위해 자신이 사용한 매우 효과적인 방법을 발표했다. 그는 정규적인 학교 교육을 거의 받지 못했는데도

미국에서 매우 중요한 금융가가 되었다. 그는 스스로 만든 방식을 꾸준히 적용해서 성공할 수 있었다고 고백했다. 다음에 소개하는 것이 바로 그가 한 일이다. 내가 기억하는 한 정확하게 그의 말 그대로를 적어보겠다.

"여러 해 동안 저는 그날 했던 모든 약속들을 기록한 메모장을 날마다 가지고 다녔습니다. 우리 가족은 토요일 저녁에는 나와 어떤 약속도 잡지 않았습니다. 제가 매주 토요일 밤에 반성과 검토, 평가를 하는데 시간을 쏟았기 때문이지요. 저는 저녁을 먹고 나서 혼자 밖으로 나가 메모장을 펼치고는 주중에 가졌던 모든 인터뷰와 토론, 모임을 되새겨보며 스스로에게 다음과 같은 질문을 했습니다.

'그때 내가 무슨 실수를 했지?'

'내가 잘한 일은 무엇이었지? 그리고 어떻게 하면 더 좋은 결과를 얻을 수 있을까?'

'그때의 경험으로 무엇을 배울 수 있을까?'

이렇게 매주 반성하면서 종종 저 자신에게 불만스러웠습니다. 제가 저지른 큰 실수들에 깜짝 놀란 적도 많았지만, 해가 갈수록 실수들은 많이 줄어들었습니다. 때때로 이러한 검토 과정을 끝내고 난 뒤에는 스스로를 격려하고 싶어졌습니다. 이러한 자기분석, 자기교육의 과정은 매해 계속

되었고, 제게 그 어떤 것보다 더 많은 성과를 가져다주었습니다. 결정하는 능력을 향상시켰고, 사람들과 만나는 모든 일에 커다란 도움이 되었습니다. 이 방법을 적극 추천합니다."

이 책에서 다룬 원칙들을 적용하면서 이와 같은 검토 방법을 사용해 보는 것은 어떨까? 그렇게 한다면, 두 가지를 얻게 될 것이다.

먼저, 당신 자신이 흥미롭고도 대단히 귀중한 교육 과정에 참가하고 있다는 것을 알게 될 것이다.

두 번째로, 사람들과 만나고 사람들을 대하는 능력이 굉장히 향상된 자신을 발견하게 될 것이다.

9. 책 말미에 마련해 놓은 백지 몇 장에 당신이 원칙들을 적용하여 승리한 경험을 기록하라. 구체적으로 이름과 날짜, 결과를 적어라. 기록한다면 당신이 더 큰 노력을 기울이도록 자극이 될 것이다. 그리고 지금부터 몇 년 뒤, 어느 날 저녁에 그것들을 본다면 얼마나 황홀하겠는가!

이 책에서 최대의 효과를 얻을 수 있는 9가지 방법

1. 인간관계의 원칙들을 숙달하고자 하는 진취적이고도 깊은 갈망을 계발하라.
2. 각 장을 두 번 읽고 나서 다음 장으로 넘어가라.
3. 읽기를 멈추고 각 제안들을 어떻게 적용할 수 있을지 자주 자신에게 물어라.
4. 중요한 아이디어에는 밑줄을 그어라.
5. 이 책을 매달 복습하라.
6. 기회가 닿을 때마다 이 원칙들을 적용하라. 이 책을 일상에서 만나는 문제들을 해결하는데 도움을 주는 기본 안내서로 사용하라.
7. 한 친구를 정해서 당신이 이 원칙들을 어길 때마다 얼마씩을 벌금으로 내는 생생한 게임을 하라.
8. 매주 당신이 이룬 성과를 확인하라. 어디서 실수를 했는지, 무엇이 향상되었는지, 앞으로 적용할 수 있는 교훈은 무엇인지 스스로에게 물어보라.
9. 원칙들을 언제, 어떻게 적용했는지를 책 뒤에 기록하라.

제1장

사람을 다루는 기본적인 기술

1 꿀을 얻으려면 벌통을 걷어차지 마라

1931년 5월 7일, 뉴욕 시에서 전례 없이 세상을 떠들썩하게 했던 범인 추적이 절정에 달했다. 몇 주간의 추적 끝에, 담배와 술을 입에 대지 않는 총잡이 살인자 '쌍권총' 크로울리는 웨스트 앤드 에비뉴에 있는 애인의 아파트에 숨어 있다가 발각되어 체포되기 직전이었다.

150명의 경찰과 형사들이 아파트 꼭대기 층을 포위했다. 그들은 지붕에 구멍을 내고서 경찰 살해범인 '쌍권총' 크로울리를 최루가스를 이용해 밖으로 유인했고, 주변 건물에 기관총들을 설치해 놓았다. 뉴욕의 한 고급 주거 지역에서 속사 권총과 기관총에서 뿜어내는 총알의 시끄러운 소리가 1시간 이상이나 계속되었다. 크로울리는 속을 많이 채워 넣은 두툼한 의자 뒤에 웅크리고서 경찰들에게 끊임없이 총을 쏘아댔다. 시민 1만여 명이 잔뜩 긴장된 표정으로 이 총격전을 지켜보았다.

이와 같은 광경은 당시 뉴욕의 거리에서는 전혀 볼 수 없는 장면이었다. 마침내 크로울리를 체포한 뒤 경찰국장 E. P. 멀루니가 무법자 쌍권총은 뉴욕 역사상 가장 위험한 범죄자 중의 하나라고 발표했다. 멀루니는 "그 자는 깃털 하나만 떨어져도 사람을 죽일 겁니다."라고 말했다.

그런데 '쌍권총' 크로울리는 자신을 어떻게 생각하고 있었을까? 경찰이 그가 숨어 있던 아파트에 총을 쏘아댔을 때 그가 '관계자 여러분께' 보내는 편지를 썼다. 그가 편지를 쓰는 동안 그의 상처에서 흐른 피가 편지지에 붉은 핏자국을 남겼다. 크로울리는 편지에 이렇게 썼다. '내 코트 안에는 피로하지만 착한 마음이 있다. 아무에게도 해를 끼치지 못할 착한 마음이다.'

이 일이 있기 얼마 전, 크로울리는 롱아일랜드의 시골길에서 차를 세워놓고 여자 친구와 즐기고 있었다. 그때 갑자기 한 경찰이 차로 다가와 말했다.

"면허증 좀 봅시다."

크로울리는 아무 말 없이 총을 꺼내 경찰을 향해 총알을 쏘아댔다. 경찰이 쓰러지자 크로울리는 차 안에서 튀어나와 경찰의 권총을 잡아채서는 바닥에 엎어져 죽어가는 경찰에게 또 한 발의 총알을 발사했다. 스스로 자신을 '내 코트 안에는 피로하지만 착한 마음이 있다. 아무에게도 해를 끼치지 못할 착한 마음이다.' 라고 말한 자가 바로 이런 흉악한 범죄를 저지른 살인자였다.

크로울리는 전기의자 사형을 선고받았다. 그는 싱싱교도소의 사형수 감방에 도착해서 '사람을 죽였으니 당연한 결과' 라고 받아들였을까? 아니다. 그는 다음과 같이 말했다. "나는 정당방위를 했을 뿐인데 이게 뭔가?"

이 이야기에서 중요한 것이 바로 이 점이다. 즉 '쌍권총' 크로울리는 자기 자신에게는 아무 책임도 돌리지 않았다. 이런 태도가 범죄자들에게는 흔치 않은 것일까? 그렇게 생각한다면 다음 이야기를 들어보라.

"나는 사람들에게 많은 즐거움을 주면서 내 생애 최고의 몇 년을 보냈다. 그러나 사람들에게 좋은 시간을 갖도록 도우면서 내가 얻은 것은 비난과 전과자라는 낙인이 전부다."

이것은 알 카포네의 말이다. 그렇다. 미국에서 가장 악명 높은 공공의 적, 시카고에서 총을 마구 쏘아대던 가장 못된 갱단의 두목 말이다. 카포네는 자신의 행동이 잘못되었다고 생각하지 않았다. 오히려 그는 자신이 자선사업가이며, 다만 사람들이 자신의 진가를 인정해주지 않고 오해하고 있다고 생각했다.

더치 슐츠도 뉴욕 갱단의 총탄에 맞아 죽기 직전에 그렇게 말했다. 뉴욕에서 악명 높은 범죄자 중의 하나인 더치 슐츠는 신문 인터뷰 기사에서 자신은 사회의 은인이라고 말했다. 그리고 그렇게 믿었다.

나는 수년 동안, 뉴욕의 악명 높은 싱싱 교도소의 소장으로 있던 루이스 로즈와 이 주제와 관련해서 흥미로운 서신 몇 통을 주고받았다. 그가 다음과 같이 설명했다.

"싱싱 교소도의 범죄자들 중에 자신을 나쁜 사람으로 여기는 사람은 많지 않습니다. 그들도 당신과 나 같은 인간입니다. 그래서 합리화하고 변명하지요. 그들은 왜 금고를 부수고 총을 쏘아댔는지 수많은 이유를 대지요. 그들 대부분은 논리적이냐 아니냐를 떠나 자신들의 반사회적인 행동이 정당하다고 변명하며, 결과적으로 자신들은 감옥에 갇혀서는 절대 안 된다고 완강히 주장합니다."

알 카포네와 '쌍권총' 크로울리, 더치 슐츠, 그리고 감옥에 갇힌 절망적인 사람들이 자신들에게 아무 잘못이 없다고 믿는 것은 그렇다고 하더라도, 당신과 내가 만나는 사람들은 어떠한가?

워너메이커 백화점의 설립자인 존 워너메이커는 다음과 같이 고백한 적이 있다.

"나는 다른 사람을 비난하는 것이 어리석다는 것을 30년 전에 배웠다. 하느님께서 지능이라는 선물을 사람들 모두에게 고루 나눠주지 않는다는 사실에 초조해하지 않고 나의 한계를 극복하기 위해 많이 노력했다."

워너메이커는 이러한 교훈을 일찍 깨달았지만 나는 30년 이상이나 실수를 저지르고 나서야, 사람들은 자신의 잘못이 아무리 크고 잘못되었을지라도 백 명 중에 아흔아홉 명은 스스로에게 책임을 돌리지 않는다는 사실을 깨닫게 되었다.

비판은 소용없다. 왜냐하면 비판은 상대방으로 하여금 방어하게 하고, 대개 자기변명하기 바쁘게 만들기 때문이다. 또한 비판은 위험하다. 상대방의 귀중한 자존심에 상처를 내고 존재감을 상하게 해서 분노를 일으키기 때문이다.

세계적으로 유명한 심리학자인 B. F. 스키너는 착한 행동으로 보상을 받은 동물이 나쁜 행동으로 벌을 받은 동물보다 훨씬 더 빨리 배우고, 또 배운 것을 효과적으로 기억한다는 사실을 실험을 통해 입증했다. 그 뒤에 따른 연구들은 이러한 사실이 인간에게도 동일하게 적용됨을 보여준다. 비판을 통해서는 변화를 지속시킬 수 없고, 종종 분노만 초래한다.

또 한 명의 뛰어난 심리학자인 한스 젤리에는 “인정받기를 몹시 갈망하는 인간은 비난받는 것을 두려워한다.”고 말했다. 고용인이나 가족, 친구들을 비판하는 것은 그들의 분노를 사고, 그들의 사기를 꺾으며, 상황을 호전시키지도 못한다.

오클라호마 주 이너드의 조지 B. 존스톤은 엔지니어링 회사의 안전 책임자이다. 그의 일 중 하나는 현장에서 직원들의 안전모 착용 여부를 확인하는 것이다. 직원들이 안전모를 착용하지 않았을 때 그가 권위를 내세워 규정을 말하며 안전모를 착용하라고 하면, 직원들은 지적을 무뚝뚝하게 받아들이기는 하지만 그가 자리를 뜨면 종종 안전모를 다시 벗곤 했다고 말했다.

그래서 그는 다른 방식으로 접근하기로 했다. 안전모를 쓰지 않은 직원들을 보면 먼저 모자가 불편하거나 잘 맞지 않는가를 물었다. 그러고는 상냥한 어조로, 안전모는 부상을 방지하기 위해 고안되었으므로 일할 때에는 항상 쓰라고 권했다. 그 결과 직원들은 분노하거나 감정적으로 흥분하지 않고 규정에 순종하게 되었다.

비판이 무익함을 보여주는 예는 역사에서 수도 없이 많이 찾아볼 수 있을 것이다. 일례로 시어도어 루스벨트와 태프트 대통령 사이에 있었던 유명한 언쟁을 들어보자. 그 언쟁으로 공화당은 분열되었고 대통령에 우드로 윌슨이 당선되었으며 미국이 제1차 세계대전에 참전하게 되어 역사의 흐름을 바꿔놓았다.

역사적인 사실들을 빠르게 검토해 보겠다. 시어도어 루스벨트는 1908년에 백악관에서 물러나면서 태프트를 지지했고, 태프트가 대통령으로 당선되었다. 그러고 나서 시어도어 루스벨트는 사자 사냥을 하기 위해 아프리카로 떠났다. 아프리카에서 돌아온 그는 격노했다. 그는 태프트의 보수적 경향을 비난했고, 차기 대통령 후보 지명권을 얻으려고 진보당인 불 무스당(Bull Moose Party)을 조직했다. 이것으로 미국 공화당은 거의 붕괴 직전에 이르렀다. 이어진 선거에서 윌리엄 하워드 태프트와 공화당은 버몬트와 유타, 단 2개 주에서만 승리했다. 공화당 창당 이래 최대의 참패였다.

시어도어 루스벨트는 이러한 결과를 태프트의 책임으로 돌렸는데, 태프트 대통령도 자신의 탓으로 여겼을까? 물론 그렇지 않았다. 태프트는 눈물을 글썽이면서 이렇게 말했다. "달리 어떻게 할 방법이 없었소."

그렇다면 비난받아야 할 사람은 누구였을까? 루스벨트였을까 아니면 태프트였을까? 솔직히 나는 잘 모르겠고, 또 누가 비난을 받든 상관없다. 내가 지적하고 싶은 것은 시어도어 루스벨트의 비판은 태프트가 잘못을 시인하도록 설득하지 못했다는 것이다. 그저 태프트가 변명하려고 애를 쓰고 눈물을 글썽이며 다음과 같은 말만 되풀이하게 했다. "달리 어떻게 할 방법이 없었소."

또 하나, 티포트 돔 유전 스캔들을 예로 들어보자. 이 스캔들은 1920년대 초, 여러 신문지상에서 분노의 파장을 일으키며 온 나라를 뒤흔들었다! 그 당시 사람들의 기억 속에서 그와 같은 일은 미국 역사상 유례가 없었다. 사건의 전모는 이렇다.

하딩 행정부의 내무장관이었던 앨버트 B. 펄은 엘크 힐과 티포트 돔에 있는 정부의 유전 지대 임대 권한을 위임받았다. 그 유전 지대는 나중에 해군이 사용하기 위해서 따로 떼어둔 지역이었다. 내무장관 펄이 자유경쟁 입찰을 허가했을까? 아니었다. 그는 아주 유리한 조건의 수의계약을 통해 자신의 친구 에드워드 L. 도헤니에게 즉각 대여해 주었다.

그 대가로 도헤니는 무엇을 했을까? 그는 내무장관 펄에게 '대여금'이라는 명목으로 10만 달러를 주었다. 그 다음에 내무장관 펄은 그 지역 미 해병대에 고압적으로 명령해서 엘크 힐 인접 지역에서 석유를 채굴하던 경쟁업체들을 쫓아내게 했다. 총검에 의해서 쫓겨난 이 경쟁업체들은 법정으로 달려가 티포트 돔 스캔들을 폭로했다. 그 악취가 너무 지독해서 하딩 행정부는 붕괴되었고, 온 나라를 매스껍게 했으며, 공화당은 결딴이 날 정도로 위협을 받았다. 결국 앨버트 B. 펄은 감옥에 갇히는 신세가 되고 말았다.

펄은 공직생활을 한 사람치고는 드물게 혹독한 형을 선고받았다. 그가 뉘우쳤을까? 결코 그렇지 않다! 몇 년 뒤에 허버트 후버가 어느 연설에서 하딩 대통령의 죽음은 친구의 배신으로 인한 정신적 불안과 걱정 때문이었다고 말했다. 펄 부인은 그 연설을 듣고는 의자에서 벌떡 일어나 울면서 한탄하며 주먹을 부르쥐고 소리쳤다.

"뭐! 하딩이 펄에게 배신을 당했다고? 아냐! 내 남편은 아무도 배신하지 않았어. 이 집 전체를 금으로 채워도 내 남편을 유혹할 수는 없었을 거야. 오히려 남편이 배신을 당하고 도살장으로 끌려가 괴로움을 당한 거야."

이런 게 바로 인간의 본성이다. 잘못을 했음에도 불구하고 남의 탓으로 돌리고 결코 자신의 잘못을 인정하지 않는다. 우리 모두는 이와 같다. 그러므로 이제는 누군가를 비난할 마음이 들 때면 알 카포네와 '쌍권총' 크로울리, 앨버트 펄을 기억하라.

비난은 귀소본능을 지닌 비둘기와 같다는 것을 명심

하라. 그것은 언제나 되돌아온다. 우리가 교정하거나 비난하려는 사람은, 자신을 합리화하고 오히려 우리를 비난하든가 아니면 신사적인 태프트처럼 '달리 어떻게 할 방법이 없었소.' 라고 말할 것이다.

1865년 4월 15일 토요일 아침, 에이브러햄 링컨은 포드 극장에서 존 부스(John Wilkes Booth, 1838~1865)에게 저격당한 후 극장 건너편에 있는 싸구려 하숙집 문간방으로 옮겨져 죽음을 기다리며 누워 있었다. 그 방의 침대는 가운데가 푹 내려앉을 정도로 아주 낡았고 링컨의 몸에 비해 너무 짧았기 때문에 링컨의 길쭉한 몸은 침대에 사선으로 뉘어졌다. 침대 머리맡에는 로자 보뇌르(Marie Rosalie Bonheur, 1822~1899)의 유명한 그림 <말 시장>의 싸구려 복제품이 걸려 있었고, 가스등에서는 음울한 노란 불빛이 깜박였다.

링컨의 임종을 지켜보던 스탠턴 국방장관은 다음과 같이 말했다. "사람의 마음을 가장 잘 움직였던 통치자가 여기 누워 있다."

사람을 다루는데 성공한 링컨의 비밀은 무엇이었을까? 나는 에이브러햄 링컨의 일생을 연구하는데 10년을 투자했고 《세상에 알려지지 않은 링컨》을 쓰고 다듬는데 3년을 헌신했기 때문에, 링컨의 인간성과 가정생활을 그 누구보다도 자세하고 철저하게 연구했다고 믿는다. 그중에서도 나는 링컨이 사람을 다루는 방법에 대해서 특별한 관심을 가지고 연구했다.

누군가 링컨도 비난을 즐겼냐고 묻는다면 적어도 그가 어떤 깨달음을 얻기 전까지는 그렇다고 말할 수 있다. 인디애나 주의 피전 크리크 밸리에서 살던 젊은 시절의 링컨은 종종 다른 사람을 비판했을 뿐만 아니라 누군가를 조롱하는 편지나 시를 써서 눈에 잘 띄는 길가에 떨어뜨려 놓곤 했는데, 그런 편지로 인해서 평생 링컨에 대해 분노를 갖게 된 경우도 있었다.

그리고 링컨이 일리노이 주 스프링필드에서 변호사로 활동할 때도 상대를 공격하는 편지를 신문에 공개적으로 발표하곤 했는데, 그러한 여러 번의 경우 중에 한 번은 다음과 같은 일이 있었다.

1842년 가을, 링컨은 제임스 쉴즈라는 허영심 많고 싸우기 좋아하는 정치가를 조롱하는 편지를 〈스프링필드 저널〉에 익명으로 보냈다. 그 편지가 신문에 실리자 스프링필드 전역에서 쉴즈를 크게 비웃었다. 예민하고 자존심이 강한 쉴즈는 크게 분노했다. 그는 링컨이 편지를 썼다는 것을 알아내고는 말을 타고 링컨을 쫓아와 결투를 신청했다. 링컨은 결투를 하고 싶지 않았다. 그는 결투 자체를 반대했지만 피할 수는 없었다. 왜냐하면 자신의 명예가 걸린 문제였기 때문이다.

링컨에게 결투 도구를 선택할 수 있는 권한이 주어졌다. 팔이 긴 그는 기병대용 장검을 택해서 웨스트포인트 사관학교 졸업생에게 검술 교습을 받았다. 그리고 약속된 날짜에 쉴즈와 미시시피 강의 모래사장에서 만나 목숨을 건 싸움을 시작하려는 마지막 순간에, 입회인들의 저지로 결투는 중단되었다.

이는 링컨의 개인사에서 가장 충격적인 사건이었고, 그에게 사람을 다루는 기술에 관해서 귀중한 교훈을 깨닫게 해주었다. 그 후로 그는 다른 사람을 모욕하는 편지를 쓰지 않았고, 누구도 조롱하지 않았다. 실제로 그 때부터 그 무엇으로도 다른 사람을 비난하지 않았다.

시간이 흘러 미국 남북전쟁 때 링컨은 포토맥의 전투 사령관으로 몇 번씩이나 새로운 장군을 임명해야만 했다. 매클래런, 포프, 번사이드, 후커, 미드 장군들이 차례로 크게 패하는 바람에 링컨을 절망에 빠뜨렸기 때문이다. 북부의 모든 사람들이 이 무능한 장군들을 혹독하게 비난했지만 링컨은 '누구에게도 적의를 보이지 않고 모두를 너그러운 마음으로 받아주며' 침묵을 지켰다. 그가 가장 좋아하는 인용구 중 하나가 '비판받지 않으려면 비판하지 말라.' 였다. 그리고 링컨은 부인과 다른 사람들이 남부 사람들에 대해 거칠게 말하면 다음과 같이 충고했다. "그들을 비난하지 마시오. 우리가 그들과 같은 환경이었다면 우리도 그렇게 했을지도 모르오."

그러나 누군가를 비난할 만한 상황에 가장 많이 놓여 있었던 사람은, 다름 아닌 링컨이었을 것이다. 한 가지 예를 들어보겠다.

1863년 7월 1일 시작된 게티즈버그 전투는 3일 동안 계속되었다. 7월 4일 밤, 남부군의 리 장군은 폭풍우가 몰려오자 남쪽으로 후퇴하기 시작했다. 리 장군이 퇴각하는 군대와 함께 포토맥에 이르렀을 때는 불어난 물로 인해 강을 건널 수 없었고, 뒤에는 승리한 북부 군대가 기세등등하게 쫓아오고 있었다. 리 장군은 진퇴양난이었다. 달아날 수도 없었다.

링컨은 그 사실을 알았다. 하늘이 주신 황금 기회, 리 장군의 군대를 사로잡고 전쟁을 즉시 끝낼 수 있는 기회였던 것이다. 그래서 링컨은 솟아오르는 희망을 가지고 미드 장군에게, 작전회의로 시간을 끌지 말고 즉시 리 장군의 군대를 공격하라고 명령했다. 링컨은 이 명령을 전보로 쳤고, 즉시 행동을 취하라고 특사도 보냈다.

그런데 미드 장군은 어떻게 했는가? 그는 정반대로 행

동했다. 링컨의 명령을 정면으로 위반하며 작전회의를 소집했다. 그는 주저했고 질질 끌었으며, 전보로 온갖 변명을 늘어놓았다. 리 장군의 군대를 바로 공격하라는 명령을 정면으로 거부했다. 결국 강물은 줄어들었고 리 장군은 군사들과 함께 포토맥 강을 건너 무사히 퇴각했다. 링컨은 격노했고 곁에 있던 아들 로버트에게 소리쳤다.

"도대체 이게 어떻게 된 거야? 그들은 우리 손아귀에 있었어. 손만 뻗으면 우리 것이었다고. 그런데 내가 아무리 명령해도 군대를 움직이지 못하다니. 그런 상황에서는 어떤 장군이라도 리 장군의 군대를 패배시킬 수 있었을 텐데! 내가 그 자리에 있었다면 나라도 그들을 붙잡았을 거야."

링컨은 크게 낙심해서 자리에 주저앉아 미드 장군에게 편지를 썼다. 이 시기에 링컨은 매우 보수적이고 말투를 절제했음을 기억하라. 그러므로 1863년에 그가 쓴 다음의 편지는 가장 혹독한 질책과 같았다.

친애하는 미드 장군!

리 장군의 탈출과 관련된 이 불행이 얼마나 중요한지를 장군이 잘 이해하지 못하는 것 같습니다. 그를 쉽게 잡을 수 있었고, 잡았다면 지난 승리들과 연관 지어볼 때 우리는 전쟁을 끝낼 수도 있었습니다. 지금 상황에서 전쟁은 무한정 길어질 것입니다. 장군이 지난 월요일에 리 장군을 공격할 수 없었다면, 강 건너편은 어떻게 공격할 수 있겠습니까? 더구나 현재 병력의 3분의 2 정도밖에 되지 않는 병력으로 말이오. 이제 장군이 효과적으로 군대를 통솔한다는 것을 기대하기 어렵고, 나는 기대하지도 않습니다. 장군은 절호의 기회를 놓쳤고, 나는 그 때문에 헤아릴 수 없을 정도로 괴롭습니다.

미드 장군이 이 편지를 읽고 어떻게 했을 것이라고 생각하는가? 미드 장군은 이 편지를 읽지 못했다. 링컨이 편지를 보내지 않았기 때문이다. 이 편지는 그가 죽은 뒤 서류들 사이에서 발견되었다. 내 추측으로, 순전히 내 추측으로 링컨은 이 편지를 쓴 다음에 창 밖을 바라보며 이렇게 혼잣말을 했을 것이다.

'잠깐만, 어쩌면 내가 이렇게 서두르면 안 될지도 몰라. 내가 여기 백악관에 편안히 앉아서 미드 장군에게 공격을 명령하기는 쉬운 일일 거야. 하지만 게티즈버그에 있었다면, 지난주에 미드 장군이 보았던 만큼 피를 보았다면, 그리고 상처 입고 죽어가는 병사들의 비명과 외침을 들었다면 나 역시 그처럼 공격 결정을 내리지 못했을지도 몰라. 더구나 미드 장군처럼 소심한 사람이라면 더욱 그랬겠지. 어쨌든 이미 지나간 일이야. 내가 이 편지를 보낸다면 내 감정은 풀리겠지만 미드 장군은 자신을 정당화하려고 하겠지. 그래서 나를 비난하려고 할 거야. 그에게 악감정만 일으켜서 나중에 사령관으로서의 직무 수행에 악영향을 끼치고, 어쩌면 그가 군에서 사임한다고 할지도 몰라.'

그래서 내가 이미 언급했듯이 링컨은 편지를 한쪽에 치워두었다. 그는 날카로운 비판과 질책은 언제나 아무 소용없이 끝난다는 사실을 씁쓸한 경험으로 배웠기 때문이다.

시어도어 루스벨트는 대통령으로서 곤란한 문제에 직면했을 때 뒤로 한 발 물러나서 백악관의 자기 책상 위에 걸린 링컨의 커다란 초상화를 바라보며 스스로에게 물었다고 한다. '링컨이라면 이럴 때 어떻게 했을까? 그라면 이 문제를 어떻게 풀었을까?'

다음에 누군가를 책망하고 싶으면, 주머니에서 5달러짜리 지폐를 꺼내 링컨의 초상화를 보며 자신에게 물어라. '링컨이라면 이 문제를 어떻게 다뤘을까?'

당신이 변화시키거나 자제시키거나 또는 향상시키고 싶은 사람이 있는가? 좋다, 그것은 좋은 것이다. 나도 그것에 전적으로 동의한다. 그러나 당신 자신부터 시작하는 게 어떨까? 순전히 이기적인 관점에서 보더라도 다른 사람을 개선하려 하는 것보다 자신부터 바꾸는 게 훨씬 유익하다. 그리고 훨씬 덜 위험하다. "자기 집 앞을 깨끗이 하지 않으면서 이웃집 지붕에 쌓인 눈을 불평하지 말라."고 공자가 말했다.

누군가의 비판으로부터 생긴 분노는 그것이 크든 작든 마음의 상처로 남아 수십 년이 지나도 지워지지 않고 죽을 때까지 지속된다. 그 비판이 얼마나 정당한가 정당하지 않은가는 문제되지 않는다.

영국 문학을 풍요롭게 한 최고의 소설가이며 감수성이 풍부한 토마스 하디는 신랄한 비판 때문에 소설 쓰기를 영원히 중단했다. 비판은 영국 시인 토마스 채터튼(Thomas Chatterton, 1752~1770)을 자살로 몰고 갔다.

젊은 시절에는 요령이 없던 벤저민 프랭클린은, 훗날 사람을 다루는 기술을 배워 매우 노련해진 수완으로 프랑스 주재 미국 대사가 되었다. 그가 성공한 비결은 무엇일까? 그는 이렇게 말했다.

"나는 어느 누구에 대해서도 좋지 않은 말을 하지 않습니다. ……그리고 내가 아는 모든 사람들의 좋은 점을 말합니다."

사람을 비판하고 비난하고 불평하는 건 바보도 할 수 있고, 그리고 바보들 대부분이 그렇게 한다. 그러나 이해하고 용서하는 데는 인격과 자기 절제가 필요하다. "위대한 사람은 평범한 사람을 대하는 태도에서 위대함을 보여준다."고 칼라일은 말했다.

유명한 테스트 파일럿이자 항공 에어쇼를 연기했던 밥 후버는 샌디에이고에서 에어쇼를 한 뒤 로스앤젤레스에 있는 집으로 돌아가고 있었다. <플라이트 오퍼레이션>이라는 잡지에 설명된 대로, 300피트 항공에서 엔진 두 개가 갑자기 멈췄다. 그는 재빠르게 조종해서 비행기를 간신히 착륙시켰다. 기체는 심하게 손상되었지만 다행히 인명 피해는 없었다.

비상 착륙 후에 후버는 제일 먼저 기체 연료를 점검했다. 그가 비행한 제2차 세계대전 때 사용하던 프로펠러기는 예상대로 가솔린이 아닌 제트 연료유가 주유되어 있었다. 그는 공항으로 돌아와서 항공기를 점검했던 정비공을 찾았다. 젊은 정비공은 자신의 실수 때문에 크게 고통스러워하고 있었다. 후버가 가까이 다가가 보니 그의 얼굴에서는 눈물이 줄줄 흐르고 있었다. 그는 매우 값비싼 항공기뿐만 아니라 세 사람의 목숨도 잃게 할 뻔했던 것이다.

후버가 얼마나 화가 났을지 상상할 수 있을 것이다. 이 자신감 넘치고 정확한 파일럿이 부주의에 대해서 분노를 폭발하며 호되게 꾸짖을 것을 누구나 예상했을 것이다. 그러나 후버는 정비공을 꾸짖지 않았다. 비난하지도 않았다. 대신에 큰 팔로 젊은 정비공의 어깨를 감싸고 이렇게 말했다.

"자네를 보니, 다시는 이런 실수를 하지 않으리라는 확신이 드네. 내일 내가 몰 F-51기를 자네가 점검해 주길 바라네."

다른 사람을 비난하지 말고, 그들을 이해하려고 해보라. 그들이 왜 그렇게 행동하는지 헤아려보라. 그렇게 하는 것이 비판하는 것보다 유익하고 즐겁다. 그리고 호감과 포용력, 친절을 낳는다. "모든 것을 알면 모든 것을 용서한다."

존슨 박사가 말했듯이 하느님도 사람이 죽기 전까지는 그를 심판하지 않으신다.

그런데 왜 당신과 내가 그렇게 하려고 하는가?

사람을 다루는 기본적인 기술 1

사람들에 대한 비판이나 비난, 불평을 하지 마라.

2 인간관계의 비결

누군가에게 어떤 일을 하게끔 만드는 방법은 이 세상에 단 하나 있다. 그것이 무엇인지 생각해본 적이 있는가? 그렇다, 단 한 가지 방법이 있다. 그것은 바로 그 사람으로 하여금 그 일을 하고 싶게 만드는 것이다.

이 외에 다른 방법은 없다는 것을 기억하라.

물론 가슴에 권총을 들이대고 시계를 빼앗을 수는 있다. 해고하겠다고 위협하면 나중에는 어떨지 몰라도 적어도 당신이 보는 앞에서는 고용인들이 협조하게 할 수는 있다. 당신의 아이를 때리거나 위협해서 당신이 원하는 행동을 하게 만들 수 있다. 그러나 이러한 거친 방법들은 바람직하지 못한 결과를 초래한다.

사람들이 무언가를 하게 만드는 유일한 방법은 그들이 원하는 것을 주는 것이다.

사람들이 원하는 것은 무엇인가?

지그문트 프로이트(Sigmund Freud, 1856~1939)는 당신과 내가 하는 모든 행동은 성욕과 위대해지려는 두

가지 욕망에서 비롯된다고 말했다.

미국의 심오한 철학자 중 한 사람인 존 듀이는 이를 약간 다르게 표현했다. 그는 인간의 가장 깊은 욕망은 '중요해지고픈 욕망' 이라고 말했다. '중요해지고픈 욕망' 이라는 말을 기억하라. 이것은 의미심장하다. 이 책에서 이에 대해 많이 듣게 될 것이다.

당신이 원하는 것은 무엇인가? 당신이 거부하지 않고 고집스럽게 갈망하는 것은 단지 몇 가지이다. 사람들 대부분이 원하는 것들은 다음에 포함된다.

1. 건강과 장수
2. 음식
3. 수면
4. 돈과 돈으로 살 수 있는 것
5. 내세의 삶
6. 성적 만족
7. 자녀들의 행복
8. 중요한 사람이라는 느낌

보통 이러한 것들은 대부분 단 하나만 빼고 거의 충족이 된다. 그 한 가지 갈망은 음식이나 잠에 대한 욕구

만큼이나 아주 깊고 절박한데 거의 충족되지 못한다. 그 갈망을 프로이트는 '위대해지고픈 욕망' 이라고 하고, 듀이는 '중요해지고픈 욕망' 이라고 불렀다.

링컨은 다음과 같이 시작하는 편지를 쓴 적이 있다. '모든 사람은 칭찬을 좋아한다.' 윌리엄 제임스는 "인간의 가장 깊은 곳에 있는 본성은 인정받고자 하는 열망이다."라고 말했다. 인정받고자 하는 '소망' 이나 '바람' 또는 '갈망' 이라 하지 않고 '열망' 이라고 했음을 주의하라.

이것이야말로 인간을 괴롭히면서 절대 사라지지 않는 인간만의 갈구다. 이 갈망을 제대로 충족시키는 소수의 사람들은 다른 사람들을 자신의 손아귀에 넣을 것이고, 그들이 죽으면 장의사도 슬퍼할 것이다.

중요해지고픈 욕망은 인간을 동물과 구별 짓는 중요한 차이 중의 하나이다. 예를 들어보겠다. 내가 미주리의 농가에서 살 때 나의 아버지는 우량의 듀록저지종 돼지들과 순종의 헤리퍼드종 소들을 키웠다. 우리는 지역 품평회와 중서부 지역 가축 쇼에 그 돼지와 소들을 출전시키곤 했다. 우리는 1등상을 탔다. 아버지는 파란 리본을 하얀 모슬린 천에 꽂아놓고는 친구들이나 손님이 집에 오면 그 긴 모슬린 천을 꺼내셨다. 나와 아버지는 천의 양 끝을 한 쪽씩 잡았고, 아버지는 파란 리본을 자랑하셨다.

돼지들은 자기들이 타온 1등상에 전혀 관심이 없었다. 하지만 아버지는 달랐다. 그 상이 아버지 스스로에게 중요한 사람이라는 기분을 느끼게 해주었던 것이다.

만일 우리 선조들에게 중요해지고픈 열렬한 욕망이 없었다면 문명도 없었을 것이다. 그랬다면 우리도 그저 다른 동물들과 별반 다르지 않았을 것이다.

교육도 받지 못하고 가난에 찌들어 살던 식료품점 점원이 50센트에 산 통에서 우연히 발견한 법률 책을 열심히 공부한 것도 이 중요해지고픈 욕망이었다. 아마 당신도 이 점원의 이름을 들어보았을 것이다. 그가 바로 링컨이다. 중요해지고픈 욕망에 자극을 받아서 디킨스는 불후의 소설들을 썼고, 또 이 욕망은 크리스토퍼 렌 경으로 하여금 위대한 석조 건축물을 설계하게 했으며, 록펠러는 평생 써도 다 쓰지 못할 만큼 엄청난 부를 축적하도록 부추겼다. 그리고 이와 동일한 욕망이 당신이 사는 도시에서 가장 부자인 사람이 안을 다 채울 수 없을 만큼 넓은 집을 짓도록 만들었다.

이러한 욕망 때문에 사람들은 최신 유행의 명품 옷을 입고, 멋진 차를 몰고, 기를 쓰며 자식 자랑을 한다. 그리고 많은 청소년들이 갱단에 들어가고 범죄 활동에 발을 들여놓도록 유혹하는 것도 바로 이 욕망 때문이다.

한때 뉴욕의 경찰국장이었던 E. P. 멀루니의 말에 따르면 일반적으로 젊은 범죄자들은 자아(Ego)로 가득 차 있어서 체포된 후 처음으로 하는 요청은, 그들의 범죄행위를 대서특필한 신문기사를 보게 해달라는 것이라고 한다. 그들은 앞으로 복역해야 하는 유쾌하지 못한 시간은 아주 먼 일로 생각하고, 자신의 사진이 스포츠 선수나 영화배우, 연예인, 정치가들과 함께 실렸다는 것만으로도 매우 흡족해하는 것 같다고 한다.

당신이 어떤 경우에 스스로가 중요한 존재임을 느끼는지를 말해 주면, 나는 당신이 어떤 사람인지 말해 줄 수 있다. 그것이 당신의 인격을 결정하는 것이며, 또한 당신을 이해하는데 가장 의미 있는 것이기도 하다.

예를 들면 존 D. 록펠러는 자신이 한 번도 만난 적이 없고 앞으로도 만날 일이 없는 수많은 가난한 사람들을 치료하도록 중국 베이징에 현대식 병원을 세우도록 돈을 기부함으로써 자신이 중요한 존재라고 느꼈다. 반면에 딜린저는 악당, 은행 강도, 살인자가 됨으로써 자신이 중요한 존재라고 느꼈다. FBI 수사관들이 그를 추격할 때 그는 미네소타의 한 농가로 뛰어 들어가 이렇게 말했다. "나는 딜린저다! 너희를 해치지는 않을 것이지만, 난 딜린저다!" 그는 자신이 공공의 적 1호라는 사실에 우쭐했던 것이다.

여기에서 보듯이 딜린저와 록펠러의 가장 중요한 차이점 하나는 자신이 중요한 존재라고 느낀 것이 무엇이었느냐 하는 것이다.

역사적으로 유명했던 사람들도 중요한 사람으로 인정받기 위해 노력했던 흥미로운 예를 곳곳에서 찾아볼 수 있다. 미국 초대 대통령인 조지 워싱턴은 '미합중국 대통령 각하'라고 불리길 원했고, 콜럼버스는 '해군 제독 겸 인도 총독'이라는 명칭을 원했다. 러시아의 예카테리나 여제는 '여왕 폐하'라고 쓰여 있지 않은 편지는 열어보지도 않았고, 링컨이 대통령이었을 때 링컨 부인은 "감히 내 허락도 없이 자리에 앉다니!"라며 그랜트 장군 부인에게 크게 화를 내기도 했다.

미국의 백만장자들은 빙산에 자신들의 이름을 붙여준다는 조건 하에 버드 제독의 남극 탐험에 재정 지원을 했다. 빅토르 위고는 파리 시의 이름을 자신의 이름으로 바꾸는 야심을 품기도 했다. 위대한 작가 셰익스피어조차도 자기 가문의 문장을 확보함으로써 자신의 이름에 영예를 더하려고 했다.

사람들은 때때로 호의와 관심을 구하기 위해 비논리적인 방법으로 중요한 사람이라는 기분을 느낀다. 작가 메리 로버츠 라인하트는 총명하고 활기 있는 젊은 여성이 중요한 사람이라는 인정을 받으려는 욕망 때문에 병자가 된 이야기를 해주었다. 라인하트가 말했다.

"어느 날 그 여인은 어떤 문제에 맞닥뜨려야 했어요. 아마도 나이 문제였을 거예요. 외롭게 지내는 세월들이 계속되었어요. 그녀는 몸져누웠고 늙은 어머니가 10년 동안 그녀를 위해 음식을 나르고 돌봤어요. 그러던 어느 날 늙은 어머니는 병간호에 지쳐 죽었어요. 몇 주 동안 그녀는 보살핌을 받지 못했지요. 그러자 병자였던 그녀는 일어나서 옷을 챙겨 입고 원기를 회복했어요."

몇몇 전문가들에 의하면, 모진 현실 세계에서 자신의 존재 가치를 인정받지 못한 사람들은 환상 속에서라도 인정받기 위해 정신이상자가 될 수 있다고 말한다. 미국에는 모든 질병을 합한 환자들보다도 정신적 질병으로 고통받는 환자들이 더 많다.

정신병의 원인은 무엇일까?

아무도 이 광범위한 질문에 대답할 수는 없지만 매독과 같은 특정 바이러스들이 뇌세포를 파괴해서 정신병을 유발한다는 것은 알려진 사실이다. 사실 정신적 질병의 반은 뇌 손상이나 알코올, 독소, 상처와 같은 신체적인 원인들에 기인한다. 그러나 정신병자들의 또 다른 반은, 겉으로는 뇌세포에 잘못된 점이 나타나지 않는다. 사후에 그들의 뇌 조직을 최고배율 현미경으로 검사한 결과, 그들의 뇌 조직은 정상인의 뇌와 똑같이 건강해 보였다. 그런데 왜 그 사람들은 정신병에 걸렸을까?

나는 이 물음을 미국에서 가장 유명한 정신병원의 원장에게 물었다. 이 주제와 관련된 지식으로 최고의 명예와 누구나 탐을 내는 상을 받은 박사는 내게, 사람들이 왜 정신병에 걸리는지 그 이유를 알 수 없다고 솔직히 말했다. 아무도 분명히 알지 못한다. 그러나 정신병에 걸리는 많은 사람들이 현실 세계에서 얻지 못했던 중요한 사람이라는 느낌을 정신이상 상태에서는 느낀다고 박사는 말했다. 그가 다음과 같은 이야기를 들려주었다.

"환자가 한 명 있는데, 결혼이 그녀에게 비극이었다는 게 드러났습니다. 그 여자 환자는 사랑과 자녀, 사회적인 명성을 원했지만 모든 소망이 날아갔어요. 남편이 그녀를 사랑하지 않았던 것이지요. 남편은 그녀와 식사도 함께하지 않고 자기 식사를 방으로 가져오게 했어요. 그녀는 자녀도 없고, 사회적인 명성도 얻지 못했어요.

결국 그녀는 정신병에 걸렸지요. 그래서 그녀는 상상 속에서 남편과 이혼하고 처녀 때의 이름을 되찾았어요. 지금은 자신이 영국 귀족과 결혼했다고 믿고, 스미스 부인이라 불리길 주장하고 있어요. 그리고 매일 밤 아기 낳는 것을 상상하고 있어요. 제가 전화할 때마다 그녀는 '의사 선생님, 지난밤에 아기를 낳았어요.' 라고 말합니다."

그녀는 모든 꿈이 좌절되고 험난한 현실에 직면했지만, 정신 착란이라는 환상의 섬에서 꿈에 부풀어 노래하며 비현실 속으로 질주하고 있는 것이다.

비극이라고? 나는 잘 모르겠다. 그녀의 의사가 말했다. "그녀를 치료하여 정신을 회복시킬 수 있다고 해도, 저는 그렇게 하지 않겠습니다. 그녀는 지금이 훨씬 더 행복하기 때문이지요."

누군가가 자신이 중요한 사람이라는 느낌을 너무나 갈망한 나머지 정신이상이 되었다면, 우리가 그에게 정상이 아니라고 정직하게 말한다고 해서, 무슨 기적이 일어날 수 있다고 기대하겠는가.

찰스 슈왑은 미국에서 처음으로 연봉 백만 달러를 받은(소득세를 포함하지 않고 주당 50달러를 벌면 잘 받는 것으로 여겨지던 때에) 사람들 중 하나였다. 그는 1921년에 새로 생긴 미 제철회사의 첫 사장으로 앤드류 카네기에게 뽑혔다. 그때 슈왑은 겨우 38세였다.(나중에 슈왑은 미 제철회사를 떠나 당시에 어려웠던 베슬리헴스틸을 인수해서 미국에서 가장 수익성 높은 회사 중 하나로 재건했다.)

앤드류 카네기는 왜 찰스 슈왑에게 일 년에 백만 달러, 곧 하루에 3천 달러 정도를 주었을까? 슈왑이 천재여서였을까? 아니다. 슈왑이 다른 사람들보다 제철 가공에 대해 더 많이 알아서였을까? 말도 안 되는 소리다. 찰스 슈왑은 자신보다 제철 가공에 대해 더 잘 아는 많은 사람들과 일했다고 나에게 털어놓았다.

슈왑은 자신이 그러한 연봉을 받게 된 큰 이유는 사람들을 다루는 능력 덕분이었다고 말한다. 나는 그에게 어떻게 했느냐고 물었다. 여기에 그가 털어놓은 비밀을 그의 말로 직접 옮겨놓겠다. 그의 말은 동판에 새겨 모든 가정과 학교, 가게, 사무실에 걸어놓아야 할 것이고, 아이들은 라틴어 동사 변화나 브라질의 연간 강수량을 외우느라 시간을 허비하는 대신에 그것을 외워 두어야 할 것이다. 그 말대로 산다면 우리의 삶은 완전히 바뀔 것이다. 슈왑은 다음과 같이 말했다.

"사람들의 열정을 불러일으키는 능력이 저의 가장 큰 자산이며, 사람들을 최대로 계발시키는 방법은 칭찬과 격려라고 생각합니다. 상관의 비판만큼 의욕을 꺾는 것은 없습니다. 저는 누구도 비판한 적이 없습니다. 인센티브의 효과를 믿지요. 그래서 칭찬하는 것을 원하지만 결점을 찾는 일은 꺼려합니다. 저는 무엇인가 마음에 들면, 진심으로 인정하고 칭찬을 아끼지 않습니다."

그런데 보통 사람들은 어떻게 하는가? 이와 정반대로 한다. 무엇이 마음에 들지 않으면 부하에게 고함을 친다. 그러다가 뭔가 마음에 들면 아무 말도 하지 않는다.

"저는 살면서 넓은 인맥으로 전 세계의 다양한 분야의 대단한 사람들을 많이 만났는데, 지위가 얼마나 높고 대단한가에 상관없이, 칭찬할 때보다 비판하는 분위기에서 더 일을 잘하거나 더 큰 노력을 하는 사람은 아직까지 본 적이 없습니다."라고 슈왑은 말했다.

그리고 바로 이것이 앤드류 카네기가 놀랍게 성공할 수 있었던 중요한 이유 중의 하나였다. 카네기는 동료들을 개인적으로뿐만 아니라 공개적으로도 칭찬했다.

심지어 카네기는 자신의 묘비에까지 직원들에 대한 칭찬을 남기길 원했다. 그래서 자신의 묘비에 다음과 같이 썼다. '자신보다 더 똑똑한 사람들과 지낼 줄 알았던 남자가 여기에 누워 있다.'

진심어린 인정은 존 D. 록펠러가 사람을 다루는데 있

어서 성공한 비결 중의 하나였다. 일례로 동업자 에드워드 T. 베드포드가 남미에서 물건을 잘못 구입해서 회사에 백만 달러의 손해를 입혔을 때 록펠러는 비판할 수도 있었다. 그러나 그는 베드포드가 최선을 다했다는 것을 알았고 또 이미 벌어진 일이었다. 그래서 칭찬할 일을 찾았다. 그는 베드포드가 투자한 돈의 60퍼센트를 건진 것에 대해 칭찬했다. "정말 잘했소. 언제나 그렇게 머리를 잘 쓸 수는 없었을 것이오."

몇 년 전에 가출한 아내들에 대한 연구가 있었는데, 아내들이 가출한 주요 원인이 무엇이었다고 생각하는가? 그것은 '칭찬 부족'이었다. 나는 가출한 남편들에 대해서 비슷한 조사를 하면 이와 같은 결과가 나올 것이라고 장담한다. 우리는 많은 경우, 배우자를 너무 인정해서인지 결코 칭찬을 하지 않는다.

내가 강의하는 반의 한 수강자가 아내가 요청한 것에 대해서 말했다. 그의 아내와 그녀가 다니는 교회의 몇몇 여성들은 자기 향상 프로그램에 참여하고 있었다. 그녀는 자신이 더 좋은 아내가 되는데 도움이 된다고 생각하는 여섯 가지 목록을 만드는데 남편에게 도움을 청했다. 그가 강의를 듣는 사람들 앞에서 소개했다.

"저는 그런 부탁에 놀랐습니다. 솔직히 제 아내가 바

뀌길 원하는 것 여섯 가지를 저는 쉽게 말할 수 있었지요. 세상에, 아내 역시 제가 바뀌길 원하는 것을 천 가지나 댈 수 있었을 거예요. 하지만 저는 그렇게 하지 않고 아내에게 말했지요. '생각해 보고 내일 아침에 알려 주겠소.' 라고 말입니다.

다음 날 아침, 저는 일찍 꽃가게에 전화를 걸어, 아내에게 '당신이 바뀌었으면 하는 여섯 가지를 찾지 못했소. 나는 당신의 지금 모습 그대로를 사랑하오.' 라는 쪽지와 함께 장미꽃 여섯 송이를 보내게 했습니다.

그날 저녁 제가 집에 왔을 때 현관에서 누가 나를 맞이했을 거라고 생각합니까? 맞아요. 제 아내였습니다! 아내는 거의 눈물을 글썽였어요. 말할 필요도 없이 저는 아내가 요청한 대로 아내를 비판하지 않은 것이 너무나 기뻤습니다.

다음 주 일요일 교회에서 아내가 과제 보고를 한 뒤에 아내와 함께 공부하는 몇몇 여성들이 제게 와서 말했습니다. '그것은 우리가 지금까지 들었던 말 중에서 가장 사려 깊은 대답이었어요.' 그때 저는 칭찬의 힘을 깨달았지요."

한때 나는 유행하던 단식에 동참해서 6일 밤낮을 음식을 먹지 않았다. 어렵지는 않았다. 이틀째 밤보다는 6

일째 밤이 덜 배고팠다. 사람들은 자기 가족이나 고용인들에게 6일간 음식을 주지 않으면 죄를 저질렀다고 생각할 것을 나도 안다. 그러나 그들은 6일이나 6주 동안, 심지어는 60년 이상을 음식만큼이나 갈망하는 진심어린 칭찬을 사람들에게 해주지 않고도 아무런 죄책감을 느끼지 않는다.

한 시대를 주름잡았던 유명한 배우 알프레드 런트는 다음과 같이 말했다. "나의 자부심을 충족시키는 것만큼이나 내게 필요한 것은 없다."

우리는 자녀들과 친구들, 고용인들의 육체에 영양분을 제공하면서도 그들의 자부심은 얼마나 충족시키고 있는가? 그들에게 구운 쇠고기와 감자로 에너지를 제공하면서도, 샛별의 노래처럼 오랫동안 기억될 친절한 칭찬의 말은 제대로 하지 않는다.

폴 하비는 자신이 진행하는 라디오 프로그램 '남은 이야기' 에서 진실한 칭찬이 한 사람의 인생을 어떻게 변화시켰는지를 이야기했다. 그는 수년 전, 디트로이트에서 한 교사가 스티비 모리스에게 교실에서 잃어버린 생쥐 한 마리 찾는 것을 도와달라고 부탁했던 이야기를 전했다.

교사는 교실에 있던 다른 아이들에게는 없던 스티비

만의 특성에 대해서 칭찬했다. 그것은 스티비의 볼 수 없는 눈을 보상할 수 있는 뛰어난 두 귀였다. 이때 스티비는 뛰어난 귀에 대해 처음으로 칭찬을 들은 것이다. 그로부터 몇 년 뒤, 스티비는 그 칭찬의 말로부터 자신은 새로운 삶을 살게 되었다고 전했다. 청각의 특별한 재능을 개발하여 무대 위의 스티비 원더가 된 그는 1970년대에 유명한 팝 가수이자 작사가 겸 작곡가였다.

이 구절을 읽고 어떤 독자들은 다음과 같이 말할 것이다. "이런 이야기를 하다니. 피! 결국 아첨이 아닌가! 비위를 맞추라고! 그런 것은 이미 해봤어. 그런 건 똑똑한 사람들에겐 먹히지 않는다고."

물론 아첨은 분별 있는 사람들에게는 거의 효과가 없다. 아첨은 얄팍하고 이기적이며 위선적이다. 아첨은 실패하는 것이 당연하며 또 일반적으로 그렇게 된다. 하지만 어떤 사람은 칭찬에 매우 배고프고 목이 말라서 마치 굶주린 사람이 풀이든 지렁이든 가리지 않고 먹듯이 뭐든지 삼켜버린다.

빅토리아 여왕도 아첨에 민감했다. 당시에 수상이었던 벤저민 디즈렐리는 자신이 여왕에게 심하게 아첨을 했다고 고백했다. 그의 표현 그대로 말하면, 그는 여왕에게 "입에 발린 말을 했다." 그러나 디즈렐리는 영국을 다스렸던 사람들 중에서 세련되고 능숙하며 빈틈없는 정치가에 속했다. 그는 능숙한 정치가였다. 그에게 효과적이었던 것이 당신과 나에게도 반드시 효과적이지는 않을 것이다. 길게 볼 때 아첨은 득보다는 해가 된다. 아첨은 가짜이며 위조지폐와 같아서 그것을 누군가에게 건네면 언젠가 당신은 문제에 빠지게 될 것이다.

그렇다면 칭찬과 아첨의 차이는 무엇일까? 간단하다. 칭찬은 진실한 것이고, 아첨은 진실하지 못한 것이다. 칭찬은 마음에서부터 우러나오는 것이고 아첨은 그저 입에 발린 말이다. 칭찬은 이기적이지 않은데 반해 아첨은 이기적이다. 칭찬은 보편적으로 인정을 받지만 아첨은 보편적으로 비난받는다.

최근에 나는 멕시코시티의 차풀테펙 궁전에서 멕시코의 영웅 알바로 오브레곤 장군의 동상을 보았다. 동상 아래에 오브레곤 장군의 철학에서 나온 지혜로운 말이 다음과 같이 새겨져 있었다. '공격하는 적들을 두려워하지 마라. 아첨하는 친구들을 두려워하라.'

그러니 절대로 아니다! 내가 제안하는 것은 아첨이 아니다! 오히려 그 반대이다. 나는 새로운 삶의 방식에 대해서 말하고 있다. 거듭 말하지만, 나는 새로운 삶의 방식에 대해서 말하고 있다.

조지 5세는 버킹검 궁의 자기 서재 벽에 여섯 가지 격언을 걸어놓았다. 그중에 하나가 '값싼 칭찬은 하지도 말고 받지도 말라.' 이다. 값싼 칭찬이 바로 아첨이다. 아첨의 정의를 한 번 들어볼 만하다. '아첨이란 다른 사람에게 그 자신이 스스로 생각하는 바를 말해 주는 것이다.'

또 미국의 시인이자 사상가인 랠프 왈도 에머슨은 "당신이 하고자 하는 말을 하라. 사람은 결국 자신의 본 모습을 드러내기 마련이다."라고 말했다. 아첨으로 모든 게 해결된다면 너도나도 아첨을 하고, 우리 모두는 인간관계에서 전문가가 될 것이다.

어떤 분명한 문제에 대해 생각하는 경우가 아니라면 사람들은 대부분 생각하는 시간의 95퍼센트를 자기 자신에 대해서 생각한다. 이제 잠시 동안 자신에 대해서 생각하기를 멈추고 다른 사람의 장점들에 대해 생각한다면, 입 밖으로 나오는 순간 거짓임을 알 수 있는 값싼 아첨은 더 이상 할 필요가 없을 것이다.

일상에서 가장 무시되기 쉬운 미덕 중의 하나가 감사이다. 무슨 이유에서인지 우리는 자녀들이 가져온 성적표의 성적이 좋을 때 자녀들을 칭찬하는 것을 잊고, 자녀들이 처음으로 요리를 하거나 새장을 지었을 때 격려하지 않는다. 이제부터는 당신이 모임에 갔을 때 요리가 맛이 있으면 요리사에게 감사의 말을 전하고, 피곤해 보이는 상점 직원이 친절하게 대해 주면 고맙다고 하라. 모든 정치가와 강사, 연설가는 청중에게 자신을 쏟아 부었는데 감사의 말 한 마디도 듣지 못했을 때의 실망감을 안다. 이것은 사무실이나 가게, 공장 또 가정, 친구 사이에서도 적용된다. 사람들과의 관계에서 잊지 말아야 할 것은, 우리가 관계하는 사람들은 모두 인간이며 감사에 굶주려 있다는 점이다. 그것은 모든 사람에게 통하는 법정통화와 같다.

일상생활에서 자그마하지만 상냥한 감사의 불씨를 남기도록 해보라. 그것이 자그마한 우정의 불꽃이 되고, 이어서 횃불이 되어 당신에게 돌아오는 것을 보고 놀라게 될 것이다. 비판과 조롱이 도움이 되지 않는데 반해 정직한 칭찬은 좋은 결과를 낳는다.

거울 앞에 붙여놓고 날마다 읽는 격언이 하나 있다.

> 나는 이 길을 단 한 번만 지나갈 것이다. 그러므로 무엇이든, 누구에게든 베풀 수 있는 좋은 일과 친절을 지금 실천하겠다. 그것을 미루거나 무시하지 않겠다. 왜냐하면 이 길을 다시 지나가지 않을 것이기 때문이다.

에머슨은 다음과 같이 말했다. "내가 만나는 모든 사람은 어떤 면에서 모두 나보다 나은 점이 있다. 그런 의미에서 나는 그들에게 배운다."

에머슨처럼 대단한 사상가가 이러할진대 당신과 나는 더 말할 나위도 없지 않을까? 우리 자신의 업적이나 필요에 대해서 생각하기를 멈추고, 다른 사람들의 장점들에 대해서 생각해 보자. 그리고 아첨은 잊고, 정직하고 진실하게 칭찬하라. '진심으로 인정하고 아낌없이 칭찬하라.' 그러면 사람들은 당신의 말을 소중히 여기고 새겨두었다가 평생토록 되새길 것이다. 당신이 그 말을 잊은 뒤에도 계속 되새길 것이다.

사람을 다루는 기본적인 기술 2

정직하고 진솔하게 칭찬하라.

3 다른 사람의 열망을 깨우면 온 세상을 얻고, 그렇지 않으면 외로운 길을 가리라

여름이면 나는 종종 메인 주로 낚시를 갔다. 개인적으로 딸기와 크림을 아주 좋아하는데, 이상하게도 물고기는 벌레들을 더 좋아한다는 것을 알게 되었다. 그래서 나는 낚시를 갈 때 내가 원하는 것을 생각하지 않고, 물고기들이 좋아하는 것을 생각했다. 낚싯바늘에 딸기나 크림을 달지 않았다. 지렁이나 메뚜기를 달아 물고기 앞에 두고 말했다. "먹고 싶지 않니?"

사람을 낚을 때에도 이와 동일한 상식을 활용하는 게 어떨까?

제2차 세계대전 때 영국의 수상이었던 로이드 조지가 이 상식을 활용했다. 전쟁이 끝난 뒤에 윌슨이나 올란도, 클레망소 같은 리더들이 실각되거나 잊힌 뒤에도 어떻게 그는 계속 권력자의 자리에 있을 수 있었는지 누군가가 물었다. 그는 자신이 여전히 높은 자리에 있는 것은 단 한 가지 덕인데, 그것은 물고기에게 맞는 미끼를 달아야 한다는 점을 배웠기 때문이라고 대답했다.

왜 우리는 자신이 원하는 것들에 대해서 말하는가? 그것은 어린아이처럼 유치하고 어리석은 짓이다. 물론 당신은 당신이 원하는 것에 관심이 있을 것이다. 영원히 그럴 것이다. 그러나 다른 사람들은 아니다. 평범한 사람들은 당신과 마찬가지로 자신들이 원하는 것에 관심을 가질 것이다.

그러므로 세상에서 다른 사람들에게 영향을 끼칠 수 있는 유일한 방법은, 다른 사람들이 원하는 것에 대해서 말하고, 그것을 얻는 방법을 알려주는 것이다.

앞으로 누군가에게 무엇을 하게끔 만들 때 기억하라. 예를 들어 자녀가 담배를 피우지 않길 원한다면 설교하지 말고, 당신이 원하는 것도 말하지 마라. 다만 담배를 피우면 농구팀에 들어가지 못하고, 달리기 경주에서도 이기지 못할 수 있음을 알려주어라.

이 방법은 아이들을 대할 때뿐만 아니라 송아지 또는 침팬지를 다룰 때도 기억하면 유용하다. 일례로, 랠프 왈도 에머슨과 그의 아들이 송아지를 외양간으로 들이려던 때가 있었다. 그런데 그들 역시 자신들이 원하는 대로 생각하는 실수를 저지르고 말았다. 에머슨은 뒤에서 밀고 아들은 앞에서 힘껏 잡아당겼다. 하지만 문제는 송아지도 자기가 하고 싶은 대로만 할 뿐이었다. 송아지는 자기가 하고 싶은 대로만 생각해서, 뻣뻣하게 다리를 세우고는 풀밭을 떠나지 않고 고집 세게 버텼다. 아일랜드 출신의 하녀가 그들이 곤혹스러워하는 장면을 보았다. 그녀는 글을 쓸 정도로 많이 배우지는 못했지만 적어도 이 경우에는 에머슨보다 더 지혜로웠다. 그녀는 송아지가 원하는 것이 무엇인지를 생각한 것이다. 그러고는 자기 엄지손가락을 송아지 입에 물려 빨게 하면서 천천히 송아지를 외양간으로 이끌었다.

당신이 태어나서 지금까지 한 모든 행동은 당신이 뭔가를 원했기 때문이다. 당신이 적십자사에 기부한 1백 달러는 또 어떤가? 그것도 예외가 아니다. 당신은 누군가에게 도움의 손길을 주기 원했기 때문에 적십자사에 기부한 것이다. 아름답고 이타적이며 성스러운 행동을 하기 원했던 것이다. 성경에 다음과 같은 구절이 있음을 여러분도 알 것이다. '너희가 여기 내 형제 중에 지극히 작은 자 하나에게 한 것이 곧 내게 한 것이니라."

해리 A. 오버스트리트 교수는 계몽적인 자신의 저서 《인간 행동에 영향을 미치는 법》에서 다음과 같이 말했다. "행동은 우리가 근본적으로 바라는 것에서 나온다. 그러므로 회사나 가정, 학교, 정치계에서 설득하고자 하는 사람에게 줄 수 있는 최고의 조언은, 먼저 다른 사람의 간절한 열망을 깨우라는 것이다. 그러면 온 세상을 얻고, 그렇지 못하면 외로운 길을 갈 수밖에 없다."

시간당 2센트를 받고 일하던 몹시 가난한 스코틀랜드 소년이었던 앤드류 카네기는 3억 6천5백 달러를 기부하게 되었는데, 사람들에게 영향을 미치는 유일한 방법은 다른 사람들이 원하는 것에 대해서 이야기하는 것임을 일찍부터 배웠다. 그가 학교는 4년밖에 안 다녔지만 사람들을 다루는 방법을 배웠던 것이다.

예를 들면, 그의 형수는 두 아들에 대해서 늘 걱정했다. 두 아들은 예일대학을 다니고 있었는데 자신들 일에만 바빠서 집에 편지를 잘 쓰지 않았고, 어머니의 걱정스러운 편지에도 신경을 쓰지 않았다. 카네기는 조카들에게서 답장을 얻어내는데 1백 달러를 걸었다. 그것도 답장을 부탁하는 말을 하지 않고서 말이다. 누군가가 그 내기에 응했고, 그는 조카들에게 주저 없이 편지를 썼다. 그러면서 추신에 5달러 지폐 2장을 동봉하니 둘이 나눠서 쓰라는 말도 언급했다. 그러고는 실제로 돈을 넣지 않았다.

감사하다는 내용의 답장이 왔다. '사랑하는 앤드류 삼촌에게' 라는 상냥한 말로 시작하는 편지였는데, 이어지는 내용은 당신도 짐작할 것이다.

설득과 관련된 또 하나의 예로, 우리의 강의를 듣는 오하이오 주 클리블랜드에 사는 스탠 노박의 이야기가 있다. 그는 어느 날 저녁 퇴근해서 집에 돌아왔는데 막내아들 팀이 거실 바닥에서 발을 구르며 소리를 지르고 있었다. 팀은 다음 주부터 유치원에 가게 되어 있었는데 가지 않겠다며 떼를 쓰고 있던 것이었다.

평상시 같았으면 스탠은 아들에게 유치원에 가는 것으로 마음을 고쳐먹는 게 좋을 것이라고 타이르며 방으로 보냈을 것이다. 다른 방법이 없었다. 그러나 그날 밤, 스탠은 그렇게 하면 팀이 유치원에 대해 호감을 갖게 하는데 실제적인 도움을 주지 못한다는 것을 깨닫고 가만히 앉아 생각했다. '내가 팀이라면, 유치원에 가면 좋은 점이 무엇일까?' 그와 그의 아내는 손가락으로 그림 그리기, 노래 부르기, 새로운 친구들 사귀기 등등 팀이 하게 될 신나는 일들을 죽 적어보았다. 그런 다음에 그것들을 실제로 해보였다.

"우리는 모두 주방 식탁 위에서 핑거 페인팅을 했지

요. 아내 릴과 큰 아들 밥과 저는 아주 재미있었어요. 곧 팀은 구석에서 엿보기 시작했지요. 그러더니 자기도 끼어달라고 하더군요. '안 돼! 핑거 페인팅을 하려면 먼저 유치원에 가야 해.' 저는 팀이 이해할 수 있는 말로, 유치원에 가서 재미있게 할 수 있는 모든 일을 설명했어요. 다음 날 아침에 저는 제가 제일 먼저 일어났을 거라 생각하고 아래층으로 내려갔는데, 팀이 거실 의자에 앉아 잠들어 있었어요. '왜 여기에 있니?' 제가 물었어요. '유치원에 가려고 기다리고 있었어요. 늦지 않으려고요.' 가족들의 열의가, 그 어떤 설득이나 협박도 이루어내지 못한 간절한 욕구를 일깨웠던 것이지요."

지금이라도 당신은 누군가에게 무엇을 하도록 설득해야만 하는 입장에 놓일 수 있다. 그러면 말하기 전에 잠시 시간을 갖고 당신 자신에게 물어라. '어떻게 하면 이 사람이 그 일을 원하도록 만들 수 있을까?'

이렇게 질문해 본다면, 당신이 상대방을 만나 자신의 욕망에 대해서만 열심히 떠들어대며 경솔하게 덤비다가 아무런 소득도 없이 일을 그르치는 상황은 만들지 않을 것이다.

인간관계의 훌륭한 기술에 관한 최고의 조언이 있다. "성공 비결이 하나 있다면, 그것은 다른 사람의 관점을 이해하고, 자신의 시각에서뿐만 아니라 다른 사람의 시각에서 상황을 보는 능력이다."라고 헨리 포드가 말했다.

아주 훌륭한 말이기 때문에 반복하겠다. "성공 비결이 하나 있다면, 그것은 다른 사람의 관점을 이해하고, 자신의 시각에서뿐만 아니라 다른 사람의 시각에서 상황을 보는 능력이다."

이것은 아주 간단명료해서 누구든 한눈에 이해할 수 있을 것이다. 그런데도 세상 사람들의 90퍼센트가 살아가는 시간의 90퍼센트 동안 이 사실을 무시한다.

예를 하나 들어볼까? 당신 책상에 놓여 있는 편지를 살펴보라. 그러면 그 편지들 대부분이 이 중요하고 상식적인 규범을 어기고 있음을 알게 될 것이다. 다음에 소개하는 편지는 전국적으로 영업망을 갖춘 한 광고대행사의 라디오 국장이 보낸 것이다. 이 편지를 받는 사람은 전국의 지역 라디오 국장들이다.(편지 중간의 괄호는 각 문단 내용에 대한 나의 반응을 적은 것이다.)

존 블랭크 귀하

친애하는 존 블랭크 씨,

우리 광고회사는 라디오 광고 분야에서 선도적인 광

고대행사의 입지를 굳건히 유지하고자 합니다.

(당신의 회사가 무엇을 원하는지 내가 알게 뭔가? 나는 내 문제만으로도 걱정이 많다고. 은행에선 집을 구입할 때 받았던 대출금을 갚으라고 성화고, 화단의 접시꽃에는 벌레들이 들끓고, 어제 주식 시장은 폭락했어. 오늘 아침, 8시 15분 버스를 놓쳤고, 지난밤에는 존슨의 댄스파티에 초대를 받지 못했고, 의사는 내게 고혈압과 신경통에 비듬까지 있다고 해. 그런데 뭐야? 아침부터 기분이 언짢은데 사무실에 도착해서 우편함을 열어보니, 뉴욕의 한 시건방진 녀석이 자기 회사가 원하는 것에 대해서 짖어대고 있잖아. 흥! 이 편지가 어떤 인상을 주는지 알면, 이 친구 광고 따위는 집어치우고 싸구려 술이나 만드는 게 낫다고 생각할걸.)

우리 광고회사는 전국적으로 수많은 광고주들을 고객으로 모시고 있어서 최고의 네트워크를 자랑합니다. 그 결과 해마다 방송 시간도 최고 자리를 지키고 있습니다.

(당신네 회사가 크고 돈이 많고 최고의 자리에 있다고? 그래서? 당신네 회사가 제너럴 모터스나 제너럴 일렉트릭, 미 육군 합동참모본부를 합친 것만큼 크다고 해도 나는 상관하지 않아. 당신이 얼빠진 벌새만큼이라도 눈치가 있다면, 당신네 회사가 아니라 내가 얼마나 크느냐에 관심이 있다는 것을 알아야지. 당신네 회사의 굉장한 성공 이야기는

나를 점점 작고 하찮게 느껴지게 만들 뿐이라고.)

우리 광고회사는 광고주들에게 최신 라디오 방송 정보를 제공하길 원합니다.

(당신 회사가 원한다고! 완전 멍청이 같으니라고! 나는 당신 회사가 원하는 것이든 미국 대통령이 원하는 것이든 아무 관심이 없어. 마지막으로 한 번 더 말하지만, 난 내가 원하는 것에만 관심이 있어. 그런데 당신은 이 터무니없는 편지에 그것에 대해서는 한 마디도 쓰지 않았군.)

따라서 우리 광고회사를 귀사의 우선순위 리스트에 포함시켜 우리 회사의 주간 방송 편성표와 광고대행사가 광고 시간을 효율적으로 예약하는데 유용한 모든 상세 정보를 받아볼 수 있도록 조치를 취해 주십시오.

('우선순위 리스트' 라고! 뻔뻔스럽군! 당신네 회사가 얼마나 큰지 자랑하는 바람에 날 무가치하게 느끼게 하더니 이제 당신 회사를 우선순위에 넣으라고 하면서 정중히 부탁하지도 않는군.)

이 편지를 받으신 후 신속한 답신과 함께 귀사의 최신 정보를 제공해 주시면 서로에게 도움이 될 것입니다.

(멍청하기는! 여기저기 마구 떨어지는 낙엽처럼 값싼 편

지를 뿌리면서 뻔뻔스럽게도 나보고는, 집 대출금과 접시꽃과 혈압을 걱정하는 나보고는 자리에 앉아서 당시 편지에 개인적으로 답신을 쓰라고? 그것도 '신속하게!' '신속하게' 라니? 나도 당신만큼 바쁘다는 것을 모르나? 적어도 난 바쁘다고 믿고 싶다고. 그리고 말이 나와서 하는 말인데, 누가 당신한테 나에게 오만하게 명령할 권한을 주었지? ……그리고 '서로에게 도움이 된' 다고? 마침내 내 입장을 생각하기 시작했나 보군. 하지만 당신은 어떻게 해야 내게 도움이 되는지 똑똑히 알지 못하잖아.)

라디오 광고국장
존 도우

추신 : 〈블랭크빌 저널〉에 관심이 있으실 것 같아 사본을 동봉합니다. 원하시면 방송에 이용하셔도 됩니다.

(이제야 내게 도움이 될 만한 말을 언급하는군. 편지를 이 내용부터 시작하지 그랬어. 하지만 그렇게 한다고 무슨 소용이 있겠어? 당신처럼 내게 편지를 보내서 헛소리를 늘어놓는 광고장이들은 숨골에 뭔가 문제가 있어. 당신에게는 우리의 최신 정보가 든 편지가 필요한 게 아니야. 당신에게 필요한 것은 갑상선에 필요한 요오드 한 통이야.)

광고업에 평생을 종사하며 사람의 마음에 호소하여 무엇인가를 파는 기술의 전문가인 사람이 이 정도의 편지를 썼다면, 정육점이나 빵집 또는 정비업에 종사하는 사람의 경우는 어떠하겠는가?

또 다른 편지가 하나 있다. 대형 화물 터미널 소장이 나의 강의를 듣는 에드워드 버밀렌에게 쓴 편지이다. 이 편지는 받은 사람에게 어떤 영향을 주었을까? 먼저 읽어본 후에 말하겠다.

뉴욕 시 브룩클린 프론트 가 28번지
A. 제레가즈 선즈 주식회사
에드워드 버밀렌 귀하

안녕하십니까?

물량 대부분이 오후 늦게 저희 회사에 도착하고 있어서 저희 회사의 수출용 화물 발송 작업이 늦어지고 있습니다. 이로 인해서 화물 체증, 연장 근무, 배차 지연이 발생하고 화물 배송도 지연되고 있습니다. 지난 11월 10일에 귀사로부터 510개나 되는 화물을 오후 4시 20분에야 받았습니다.

우리는 화물의 접수 지연으로 생기는 달갑지 않은 결과를 처리하는데 귀사의 협조를 요청합니다. 그러기 위해서 화물을 싣는 날에 트럭을 좀 더 일찍 도착하게 해주시거나 화물 일부를 오전에 보내주시겠습니까?

그렇게 하면 귀사의 트럭에서 짐을 좀 더 신속히 내릴 수 있고, 접수 당일에 화물이 발송되는 이익이 있을 것입니다.

그럼 이만 줄입니다.

J. B. 소장 올림

A. 제레가즈 선즈 주식회사의 영업부장인 버밀렌 씨는 이 편지를 읽고서 나에게 다음과 같이 말했다.

"이 편지는 의도했던 것과는 반대의 효과를 가져왔습니다. 편지는 대체적으로 우리가 관심 없는 터미널의 곤란한 상황에 대해서 설명하는 것으로 시작합니다. 그리고 우리의 불편함에 대해서는 아무런 언급도 없이 협조를 요청하고, 마지막 단락에서는 우리가 협조하면 접수 당일에 발송을 해주겠다는 보장을 하고, 트럭에서 짐을 신속하게 내려주겠다고 언급합니다.

다시 말해, 우리에게 가장 관심 있는 부분을 마지막에 언급해서 협조 대신 반감을 불러일으킨 셈입니다."

편지를 좀 더 괜찮게 다시 쓸 수는 없을지 살펴보자. 자신의 문제에 대해서 말하느라 시간을 낭비하지 말자.

헨리 포드가 권고했듯이 "다른 사람의 입장을 이해하고, 나의 시각에서뿐만 아니라 그의 시각에서 상황을 보자."

위의 편지를 다시 써보았다. 최상은 아니어도 전보다 나아지지 않았는가?

뉴욕시 브룩클린 프론트 가 28번지
A. 제레가즈 선즈 주식회사
에드워드 버밀렌 귀하

친애하는 버밀렌 씨

안녕하십니까?

귀사는 지난 15년 동안 우리 회사의 좋은 고객이었습니다. 귀사의 성원에 깊이 감사드리고, 귀사의 바람에 부응하는 빠르고 효과적인 서비스를 제공하려고 노력하고 있습니다. 그러나 지난 11월 10일 귀사의 대량 화물 트럭이 오후 늦게 도착하는 바람에 저희가 최상의 서비스를 제공하지 못한 것에 유감을 표합니다. 그렇게 된 이유는 다른 많은 회사의 트럭 역시 오후 늦게 도착하기 때문입니다. 그래서 화물 체증으로 이어집니다. 곧 귀사의 화물 트럭이 부두에서 대기하는 시간이 어쩔 수 없이 길어지고 심할 경우 화물 선적이 지연될 수도 있습니다.

이것은 아주 유감스러운 일이지만, 다행히 피할 방법이 있습니다. 귀사의 화물 트럭을 가능한 한 오전에 부두로 보내주시면 화물이 즉시 처리될 수 있으며, 우리 회사의 직원들도 제때 퇴근해서 저녁으로 귀사에서 생산하는 맛있는 마카로니와 파스타를 즐길 수 있을 것입니다.

지금까지 제가 드린 말씀을 불평이나 귀사의 내부 방침에 대한 간섭이라고 생각하지 않으셨으면 합니다. 이 편지는 순전히 귀사에게 좀 더 효율적인 서비스를 제공하기 위한 목적으로 작성되었음을 말씀드립니다.

귀사의 화물 도착 시간과 관계없이 우리는 항상 최선을 다해 신속히, 귀사의 화물을 처리해 드리겠습니다. 바쁘실 텐데, 일부러 답장을 주지 않으셔도 됩니다.

그럼 이만 줄입니다.

J. B. 소장 올림

뉴욕의 한 은행에서 일하는 바바라 앤더슨은 아들의 건강 때문에 애리조나 주 피닉스로 이사하기를 원했다. 그녀는 내 강의에서 배운 원칙들을 활용해서 피닉스에 있는 은행 열두 곳에 다음과 같은 편지를 보냈다.

존경하는 은행장님께

저의 10년 동안의 은행 근무 경력이 귀사처럼 빠르게 성장하는 은행에 도움이 될 것입니다.

저는 뉴욕의 뱅커스 트러스트 컴퍼니에서 예금 고객 관리, 신용계, 대부계, 그리고 관리 업무를 포함하여 모든 은행 실무를 익혔고 현재는 지점장을 맡고 있습니다.

저는 5월에 피닉스로 이사할 것이며, 제가 귀사의 성장과 이익에 기여할 것을 확신합니다. 4월 셋째 주에 피닉스에 들를 것인데, 제가 귀사의 목적에 어떻게 도움을 줄 수 있을지 말씀드릴 수 있는 기회를 주시면 감사하겠습니다.

그럼 이만 줄입니다.

안녕히 계십시오.

바바라 L. 앤더슨 올림

앤더슨 부인은 과연 이 편지에 대한 답장을 몇 통이나 받았으리라고 생각하는가? 편지를 보낸 은행 12곳 중에 11곳에서 그녀에게 인터뷰를 제안했고, 그녀는 그 중에서 어디로 갈지를 선택했다. 왜 그랬을까? 앤더슨 부인은 편지에 자신이 원하는 것이 아니라 은행에 그녀가 어떻게 도움을 줄 수 있을지를 썼다. 곧 자신이 원하는 것이 아니라 그들이 원하는 것에 초점을 맞췄기 때문이다.

오늘날 수많은 영업사원들이 지치고 낙심하여 거리를 헤매면서 저임금에 신음하고 있다. 왜 그런가? 그들은 항상 그들이 원하는 것만 생각하기 때문이다. 그들은 당신이나 내가 아무것도 사고 싶지 않다는 것을 모른다. 무엇을 사고자 한다면, 우리는 직접 나가 살 것이다.

우리는 언제나 자신의 문제를 해결하는 데만 관심을 갖는다. 영업사원들이 그들의 서비스나 상품이 우리의 문제를 해결하는데 도움이 된다는 것을 증명하기만 하면, 그들은 그것을 팔 필요가 없을 것이다. 우리가 그것을 살 것이다. 고객은 자신이 판매의 대상이 아니라 무언가 구입할 때의 느낌을 좋아한다. 그런데도 많은 영업사원들이 고객의 시각에서 상황을 보지 않고, 파는 데에 시간을 보낸다.

앨라배마 주 버밍햄의 J. 하워드 루카스는 같은 회사에 다니는 두 명의 영업사원이 각각 같은 상황을 어떻게 처리했는지 보여주는 이야기를 했다.

"수년 전에 저는 작은 회사의 관리팀에 있었습니다. 우리 회사 근처에 큰 보험회사의 출장소가 하나 있었지요. 그 회사의 직원들에게는 일정 구역이 할당되는데,

우리 회사에 칼과 존이라는 두 직원이 할당되었습니다.

어느 날 아침, 칼이 우리 사무실에 잠시 들러서 자기 회사에서 관리직 임원들을 대상으로 새로 기획한 생명 보험 상품을 소개했습니다. 나중에 우리한테 관심이 생기고, 자신이 그 상품에 대해서 자세한 정보를 더 얻게 되면, 자신이 사무실에 또 들르겠다고 했어요.

같은 날, 우리는 커피를 마시고 사무실로 돌아오는 길에 존을 만났어요. 존이 우리를 보고 말했어요. '루크, 잠깐만요. 당신들에게 아주 좋은 소식이 있어요.' 그는 우리에게 급히 다가오더니 그날 자기네 회사에서 새로 기획한, 임원들을 위한 생명보험 상품에 대해서 흥분하며 말했어요.(칼이 무덤덤하게 언급했던 그 상품이었어요.) 그는 우리가 첫 가입자가 되기를 원한다고 말했어요.

그리고 보험 계약 범위에 대해서 몇 가지 중요한 사항들을 알려주고 다음과 같이 말을 맺었지요. '이 상품은 신상품이어서 내일 본사에서 사람이 나와서 자세히 설명해 줄 것입니다. 그 전에 여러분이 계약서에 사인을 해두시면, 제가 내일 와서 더 많은 정보를 알려드릴 것입니다.' 그가 하도 열정적으로 설명하는 바람에 우리는 자세한 사항을 알지도 못하는 보험 상품에 가입하고 싶은 강한 욕구가 생겼습니다. 나중에 보험의 상세 내용을 듣고는, 존이 처음 설명한 내용이 맞는다는 것을 확인할 수 있었어요.

존은 우리에게 그 보험 상품을 팔았고, 나중에 배상 범위를 두 배로 늘려주었어요. 칼이 그 상품을 우리에게 팔았을 수도 있었지만, 그는 우리에게 욕구를 불러일으키려는 노력을 하지 않았지요."

세상은 꼭 움켜쥐고 자기 이익만 좇는 사람들로 가득하다. 그래서 이타적으로 다른 사람들을 도우려고 하는 얼마 안 되는 사람들은 엄청난 장점을 갖게 된다. 그들에게는 경쟁자가 거의 없다. 저명한 법률가이자 미국의 훌륭한 비즈니스 리더 중의 한 명인 오웬 D. 영은 이렇게 말했다. "다른 사람들의 입장이 되어 그들의 마음으로 상황을 이해할 줄 아는 사람은 미래에 대해서 결코 걱정할 필요가 없다."

당신이 이 책을 읽고 나서 단 한 가지를 얻는다면, 곧 언제나 다른 사람의 입장에서 생각하고 다른 사람의 시각에서 상황을 보는 습관을 갖는다면, 당신은 경력이라는 건물에 주춧돌을 쉽게 쌓을 수 있을 것이다. 다른 사람들의 입장에서 상황을 보고 그들 안에 강한 열망을 불러일으킨다는 것은, 그들을 조종해서 그들에게 손해가 되고 오직 당신에게만 이익이 되는 어떤 일을 하게 만드는 것이 아니다. 양측이 다 협상을 통해서 얻는 것이 있다.

버밀렌 씨에게 보내는 편지에서 제안된 것을 이행하면 발신인과 수신인 모두 이득을 얻는다. 은행 측과 앤더슨 부인의 경우를 보면 은행 측은 유능한 직원을, 앤더슨 부인은 적당한 일자리를 얻었다. 그리고 존은 루카스 씨에게 보험 상품을 팔아서 둘 다 이득을 얻었다.

강한 열망을 불러일으키는 원칙을 통해서 모두가 이득을 얻은 예를 로드아일랜드 위위크의 마이클 E. 위든에게서 또 볼 수 있다. 셸 석유회사의 지역 담당 판매사원인 마이클 씨는 자기 구역에서 1등 판매사원이 되고 싶었지만 한 주유소가 발목을 잡고 있었다. 그곳은 주유소를 깨끗하게 하는 데는 전혀 관심이 없는 한 노인이 운영하고 있었는데, 판매 실적이 크게 떨어졌다.

노인은 주유소 상태를 개선시키라는 마이클의 어떤 간청도 듣지 않았다. 여러 번의 권고와 솔직한 대화도 아무 소용이 없었다. 결국 마이클은 그 지역에서 최근에 개업한 주유소로 노인을 초대했다.

노인은 새 주유소 시설에 크게 감동을 받았다. 마이클 씨가 다음번에 노인의 주유소를 방문했을 때 주유소는 깨끗이 청소되어 있었고, 판매 실적도 늘었다. 마침내 마이클 씨는 해당 구역에서 첫째가는 판매원이 될 수 있었다. 마이클 씨는 설득이나 권고로 아무 효과를 보지 못했지만 노인에게 최신 주유소를 보여줌으로써 열망을 불러일으켜 목적을 달성했다. 결국 노인과 마이클 씨 모두 이익을 얻을 수 있었다.

사람들 대부분은 대학에 가서 버질의 작품을 읽고 어려운 미적분을 풀지만 자신들의 마음이 어떻게 움직이는지는 알지 못한다. 예를 들어보겠다. 나는 에어컨 제조회사인 캐리어사에 입사한 젊은 대학 졸업생들에게 효과적인 대화법에 대해 강의를 했었다.

수강생 중 한 명이 다른 사람들에게 여가 시간에 농구를 하자고 설득하려고 다음과 같이 말했다. "우리 농구하자. 나는 농구를 아주 좋아하는데 요즘에는 체육관에 가도 사람들이 많지 않아서 농구를 하지 못했어. 지난밤에는 친구들 두세 명과 그저 공을 갖고 몇 번 던지며 놀았는데 그만 눈에 맞아서 눈이 멍들었지 뭐야. 우리 내일 밤에는 모두 나와 함께 농구를 하면 좋겠다."

이 학생이 상대방이 원하는 것을 하나라도 말했는가? 사람이 별로 가지 않는 체육관에는 당신도 가고 싶지 않을 것이다. 그리고 그가 원하는 것에 당신은 신경 쓰지 않을 것이다. 눈에 멍이 드는 것도 원치 않을 것이다.

이 학생이 상대방에게 체육관에 가서 원하는 것을 어떻게 얻을 수 있을지 말해 줄 수 있었을까? 물론이다. 활력이 넘칠수록 식욕도 왕성해질 것이다. 머리가 더 맑아지고, 농구도 재미있을 것이다.

오버스트리트 교수의 충고를 반복하겠다. 먼저 다른 사람에게 강한 열망을 불러일으켜라. 열망을 불러일으키는 사람은 온 세상을 얻고, 그렇지 못한 사람은 외로운 길을 갈 것이다.

작가 훈련 과정을 듣는 수강생 중 한 명이 어린 아들에 대해서 걱정했다. 그의 아들은 저체중에 편식도 심했다. 아이의 부모는 일반적인 방법을 적용했다. 아이를 꾸짖고 잔소리를 해댔다. "엄마는 네가 이것저것 가리지 않고 먹었으면 좋겠다." "아빠는 네가 튼튼하게 자랐으면 해."

아이가 이러한 호소들에 귀를 기울였을까? 모래사장의 모래알 하나를 보듯 아이는 들은 체도 하지 않았다. 상식적인 사람이라면 아무도 세 살짜리 아이가 서른 살 아빠의 관점에서 반응할 것이라고는 기대하지 않을 것이다. 그런데 아빠는 그것을 기대했다. 이것은 말이 안 되는 이야기였다. 마침내 아빠도 그것을 깨달았다. '아

이가 원하는 것은 무엇일까? 어떻게 하면 내가 원하는 것을 아이가 원하는 것과 맞출 수 있을까?'

이렇게 생각하자 그다지 어려운 문제가 아니었다. 아이는 브룩클린의 집 앞 보도에서 세발자전거를 타고 오르락내리락 하는 것을 아주 좋아했다. 그런데 집에서 가까운 곳에 아이보다 덩치가 큰 심술궂은 개구쟁이가 살았는데, 그 개구쟁이가 아이의 세발자전거를 빼앗아 타곤 했다. 그러면 당연히 몸집이 작은 아이는 울면서 엄마에게 달려왔고, 엄마가 나가서 세발자전거를 못된 아이에게서 빼앗아 다시 아들에게 돌려주어야 했다. 그런 일이 거의 날마다 벌어졌다.

그렇다면 아이가 원하는 것은 무엇이었을까? 그것을 알아내는데 셜록 홈즈 같은 탐정이 필요하지는 않다. 아들의 자존심, 분노, 자신이 중요한 존재임을 느끼고 싶은 욕구 등 온갖 감정들이 못된 아이의 코를 납작하게 하고 복수하라고 충동질하고 있었을 것이다. 그래서 아이에게 엄마가 먹으라고 하는 것들을 잘 먹기만 하면 언젠가는 그 큰 아이를 때려줄 수 있을 것이라고 아빠가 설명하고 장담하자, 더 이상 먹는 것과 관련해서 문제를 일으키지 않았다. 아이는 시금치, 사우어크라프트(독일식 김치), 고등어 등 무엇이든 가리지 않고 자신을 괴롭히는 못된 아이를 때려줄 수 있을 만큼 충분히 크기 위해서 먹을 것이다.

이 문제를 해결한 뒤에 아이의 부모에게 또 다른 문제가 생겼다. 아이가 밤에 침대에 오줌을 누는 버릇이 생긴 것이었다.

아이는 할머니와 함께 잤는데, 아침이면 할머니가 일어나 침대를 만져보고 말하곤 했다. "자니야, 어젯밤에도 실례했구나."

그러면 아이는 이렇게 말했다. "아니에요. 내가 그런 게 아니라 할머니가 그런 거예요."

아이의 부모는 매번 엉덩이를 찰싹 때리며 꾸짖고 창피를 주고 싶지 않았다. 그렇게 한다고 해서 문제가 해결되지 않기 때문이다. 그래서 부모는 스스로에게 물었다. "어떻게 하면 아이가 밤에 침대에 오줌을 누지 않을 수 있을까?"

아이가 원하는 것은 무엇이었을까? 먼저 아이는 할머니와 같은 잠옷 가운이 아니라 아빠처럼 파자마를 입고 싶어 했다. 손자의 야뇨증에 신물이 난 할머니는, 야뇨증이 고쳐지기를 바라며 기꺼이 파자마 한 벌을 사주었다. 두 번째로 손자는 자기만의 침대를 원했다. 할머니는 이것도 반대하지 않았다.

아이의 엄마는 아이를 브룩클린에 있는 백화점으로 데려가서, 백화점 여점원에게 눈짓을 하고는 말했다. "어린 신사가 쇼핑을 하려고 합니다."

점원은 소년에게 다음과 같이 말하면서 소년이 중요한 존재라고 느끼게 해주었다. "어서 오십시오. 뭘 보여드릴까요, 꼬마 신사님?"

아이는 키가 커보이도록 꼿꼿이 서서 말했다. "내 침대를 하나 살 거예요."

엄마는 아들에게 사주고 싶은 침대를 발견하고 점원에게 윙크를 했다. 점원은 아이에게 그 침대를 권했다.

침대는 다음 날 배달되었다. 그날 밤, 아빠가 집에 오자 소년은 문으로 달려가 소리쳤다. "아빠! 방으로 올라와서 제가 고른 제 침대 좀 보세요!"

아이의 아빠는 침대를 보고는 '진심으로 인정하고 칭찬을 아끼지 마라.' 는 찰스 슈왑의 가르침을 따랐다.

"이제는 침대에 오줌을 누지 않겠네?" 하고 아빠가 말했다.

"그럼요! 침대에 오줌을 누지 않을 거예요." 아이는 약속을 지켰다. 자존심이 걸려 있었기 때문이다. 그것은 아이만의 침대였고, 자신이 직접 산 것이었다. 그리고 아이는 이제 어른처럼 파자마를 입었다. 아이는 어른처럼 행동하고 싶었고, 또 그렇게 했다.

윌리엄 윈터는 일찍이 "자기표현은 인간의 중요한 욕구이다."라고 지적했다. 이러한 심리적인 욕구를 사업에 적용하면 어떨까? 반짝이는 아이디어가 있으면, 누군가에게 그것이 상대방의 아이디어가 아니라, 그가 직접 그 아이디어를 다듬고 배합하게 만들면 어떨까? 그러면 그들은 그 아이디어를 그들 자신의 것으로 여겨서 좋아하고, 두 배로 활용할 수도 있을 것이다.

기억하라. "먼저, 다른 사람에게 열망을 불러일으켜라. 열망을 불러일으키는 사람은 온 세상을 얻고, 그렇지 않은 사람은 외로운 길을 갈 것이다."

사람을 다루는 기본적인 기술 3

다른 사람에게 열망을 불러일으켜라.

사람을 다루는 기본적인 기술

원칙1. 사람들에 대한 비판이나 비난, 불평을 하지 마라.

원칙2. 정직하고 진솔하게 칭찬하라.

원칙3. 다른 사람에게 열망을 불러일으켜라.

제2장

사람들이 당신을 좋아하게 만드는 방법

1 어디서나 환영받는 비결

친구를 얻는 방법을 알기 위해 왜 이 책을 읽어야 하는가? 세계에서 가장 많은 친구들을 사귄 사람들의 기술을 연구하는 것은 어떨까? 과연 그는 누구일까? 아마 그를 내일이라도 거리에서 만날 수 있을 것이다. 당신이 그와 3피트 거리 내에 있다면, 그는 꼬리를 흔들어대기 시작할 것이다. 당신이 걸음을 멈추고 그를 쓰다듬어주면, 그는 펄쩍 뛰며 자신이 얼마나 당신을 좋아하는지를 표현할 것이다. 이러한 애정 표현 뒤에 다른 동기가 숨어 있지 않다는 것을 당신은 알 수 있다. 그는 당신에게 부동산을 팔거나 당신과 결혼하고자 하지 않을 것이다.

당신은 한 번이라도 먹고 살기 위해 일하지 않아도 되는 유일한 동물이 개라는 사실을 생각해 본 적이 있는가? 암탉은 알을 낳아야 하고, 소는 우유를 만들어야 하며, 카나리아는 노래를 불러야 한다. 그러나 개는 오직 사랑만을 주며 살아간다.

내가 다섯 살 때 아버지께서 50센트를 주고서 누렁

강아지 한 마리를 사주셨다. 그 강아지는 내 어린 시절의 빛이요 기쁨이었다. 날마다 오후 4시 반이면 강아지는 변함없이 마당 앞에 나와 앉아서 예쁜 눈으로 거리를 뚫어져라 바라보다가, 내 목소리를 듣거나 나무 사이로 도시락 가방을 흔들며 오는 나를 보면 총알처럼 펄쩍 뛰어 헐떡거리며 언덕을 달려 올라와서는 좋아서 어쩔 줄을 몰라 하며 뛰고 짖어대면서 나를 반겼다.

그 강아지 티피는 5년 동안 변함없는 나의 친구였다. 그러다가 결코 잊지 못할 그 슬픈 날 밤에 내가 보는 앞에서, 나와 10피트도 떨어지지 않은 곳에서 벼락을 맞아 죽었다. 티피의 죽음은 내가 소년 시절에 겪은 가장 큰 비극이었다.

'티피야, 너는 심리학에 관한 책을 읽어본 적이 없을 거야. 그게 필요하지도 않았겠지. 본능적으로 너는, 다른 사람들이 네게 관심을 갖도록 애를 써서 2년 동안 사귈 수 있는 것보다, 네가 다른 사람들에게 진심으로 관심을 가짐으로써 2달 만에 더 많은 친구들을 사귈 수 있다는 것을 알고 있었지. 다시 한 번 말해 볼게. 다른 사람들이 네게 관심을 갖도록 애를 써서 2년 동안 사귈 수 있는 것보다, 네가 다른 사람들에게 진심으로 관심을 가짐으로써 2달 만에 더 많은 친구들을 사귈 수 있었지. 그럼에도 불구하고 살아가면서 다른 사람들에게 관심을 얻으려고 이리저리 꼬리를 흔들어대며 평생 실수를 거듭하는 사람들을 우리는 알고 있단다.'

물론 그런 방법은 소용이 없다. 사람들은 당신이나 내게 관심이 없다. 사람들은 그들 자신에게 관심이 있다. 그것도 하루 종일 말이다.

뉴욕 전화회사에서 사람들이 가장 많이 사용하는 단어를 알아보기 위해서 전화 통화를 자세히 연구했다. 당신도 추측할 수 있을 것이다. 그것은 1인칭대명사 '나' 였다. 5백 건의 전화 통화에서 '나' 는 3천9백 번이나 사용되었다. '나' 가 말이다.

당신은 여러 사람들과 함께 찍은 사진을 볼 때 제일 먼저 누구를 보는가? 우리가 단순히 사람들에게 강한 인상을 주고 우리에게 관심을 갖게 하려고만 한다면, 진정한 진짜 친구를 절대로 얻지 못한다. 진짜 친구는 그렇게 되는 게 아니다.

오스트리아 빈의 유명한 심리학자 알프레드 아들러는 《당신에게 인생이란 무엇을 의미하는가》라는 책을 썼다. 그 책에서 그는 다음과 같이 말했다. "다른 사람에게 관심을 갖지 않는 사람은 인생에서 큰 어려움을 겪고, 다른 사람에게도 큰 상처를 준다. 이러한 사람들에게서 인류의 모든 실패가 나온다."

심리학에 관한 두껍고 현학적인 책들을 읽어도 당신과 나에게 이보다 더 의미 있는 문장을 만나기는 어려울 것이다.

예전에 나는 뉴욕 대학교에서 단편소설 쓰기 강의를 들은 적이 있었는데, 선두적인 잡지사의 편집자가 강의를 했었다. 그는 날마다 자기 책상 위에 놓였다가 치워지는 십여 편의 소설들 중에서 아무거나 한 편을 골라 몇 단락만 읽으면, 저자가 사람들을 좋아하는지 아닌지 알 수 있다고 말했다. "저자가 사람들을 좋아하지 않는다면, 사람들도 그의 이야기를 좋아하지 않습니다."라고 그는 덧붙였다. 이것이 소설 쓰기에서 진리라면, 사람들을 직접 대하며 다루는 일에서도 확실히 진리이다.

펜실베이니아 주 노스 워렌에 사는 조지 다이크는 자신이 일하는 자리에 새로운 고속도로가 건설될 계획이어서 30년간 해왔던 휴게소 사업을 접어야 했다. 일을 그만두고 빈둥거린 지 얼마 안 되어 지루해진 그는 갖고 있던 옛 바이올린을 켜며 시간을 보냈다.

곧 그는 여행을 다니면서 뛰어난 바이올린 연주자들의 연주를 직접 듣고 그들과 이야기를 나눴다. 그는 겸손하고 상냥한 태도로, 만나는 모든 음악가들의 배경과 관심사들을 알아갔다. 그는 그 자신이 뛰어난 연주가가 아님에도 불구하고 훌륭한 연주자들과 친구가 되었다. 그는 경연대회에 참가했고, 곧 미국 동부 지역에서 음악 애호가들 사이에서 '킨주아 군에서 온 바이올린 연주가 조지 아저씨' 로 알려졌다.

우리가 조지 아저씨의 이야기를 들었을 때, 그는 72세였는데 매 순간을 즐기고 있었다. 다른 사람들이 그의 시절은 이제 끝났다고 생각했던 것에 반해서, 그는 다른 사람들에게 지속적으로 관심을 가짐으로써 새로운 삶을 살게 되었다.

이것이 또한 시어도어 루스벨트가 놀라운 명성을 얻은 비결 중의 하나였다. 그는 하인들에게도 사랑을 받았다. 시종 제임스 E. 아모스는 루스벨트에 관한 책 《시어도어 루스벨트, 시종의 영웅》을 썼다. 책에서 그는 다음과 같은 일화를 소개했다.

> 한 번은 내 아내가 루스벨트 대통령께 메추라기에 대해 물었다. 대통령은 메추라기를 한 번도 본 적이 없는 아내에게 자세히 설명해 주었다. 그 뒤로 얼마 후에 우리 집으로 전화가 왔다.(아모스 부부는 오이스터 베이에 있는 루스벨트 대통령 관저의 작은 별채에서 살았다.) 아내가

전화를 받았는데, 루스벨트 대통령이었다. 대통령은 창밖에 메추라기가 있으니 아내가 밖을 내다보기만 하면 볼 수 있다고 알려주려고 전화했다고 말했다. 이러한 사소한 일들이 루스벨트 대통령의 성품을 잘 드러낸다. 대통령이 우리 오두막에 들를 때마다 우리는 멀리서부터 부르는 소리를 들을 수 있었다. 그는 "어이, 애니?" 또는 "어이, 제임스!" 하고 우리를 친근하게 대했다.

어느 날 태프트 대통령 내외가 없을 때 루스벨트가 백악관을 방문했다. 그는 주방 하녀의 이름까지 부르며 백악관의 모든 하인에게 인사할 정도로 평범한 사람들을 순수하게 좋아했다. 이때의 일을 아치 버트는 이렇게 전한다.

루스벨트 대통령이 주방 하녀 앨리스를 보더니 지금도 옥수수 빵을 만드는지 물었어요. 앨리스는 하인들이 먹으려고 가끔씩 만들기는 하지만, 위층에서는 아무도 먹지 않는다고 말했어요. 그러자 루스벨트는 '그들이 맛을 모르는군. 내가 대통령을 보면 말해 주겠네.' 하고 큰 소리로 말했어요.

앨리스가 접시에 빵을 담아 루스벨트에게 가져다주자 그는 그것을 먹으면서 사무실로 갔고, 가는 길에 정원사와 일꾼들에게 인사했다. ……그는 그들에게 옛날과 똑같이 인사했다. 백악관에서 40년 동안 수석집사를 지낸 아이크 후버는 눈에 눈물을 글썽이며 이렇게 말했다. '그날은 근 2년 중에서 우리에게 가장 행복한 날이었어요. 우리 중 누구도 1백 달러를 준다 해도 그날을 바꾸지 않을 것입니다.'

나는 다른 사람에게 진심으로 관심을 가짐으로써 심지어는 가장 인기 있는 사람들로부터도 관심과 협력과 시간을 얻어낼 수 있다는 사실을 경험으로 알게 된 것을 지금부터 설명해 보겠다.

수년 전에 나는 브룩클린 예술과학협회에서 소설 쓰기 강의를 열었는데, 협회에서는 캐더린 노리스나 패니 허스트, 이다 타벨, 앨버트 페이슨 터훈, 루퍼트 휴즈와 같은 뛰어나고 유명한 저자들을 브룩클린으로 모셔서 그들의 경험을 직접 듣기를 원했다. 그래서 우리는 그들의 작품들을 좋아하며, 그들의 조언을 듣고 성공 비결을 배우기를 몹시 원한다는 내용의 편지를 보냈다.

각 편지들에 150여 명의 수강생들이 서명을 했다. 우리는 그 저자들이 강의를 준비하기에 너무 바쁘다는 것을 알기 때문에 그들과 그들의 작품에 대해 질문 목록도 만들어서 동봉했다. 저자들은 그것을 마음에 들어 했다. 그러한 것을 좋아하지 않을 사람이 누가 있겠는가? 그들은 브룩클린까지 와서 우리에게 강의를 해주었다.

이와 같은 방법으로 나는 시어도어 루스벨트 내각의 재무장관 레슬리 쇼, 태프트 내각의 법무장관 조지 W. 위커샴, 윌리엄 제닝스 브라이언, 프랭클린 D. 루스벨트 등 많은 유명한 사람들을 초청해서 대중연설 강의 때 수강생들에게 도움을 주도록 했다.

공장에서 일하건 사무실에서 일하건 또는 왕좌에 앉은 왕이건 우리 모두는 자신을 존경해 주는 사람들을 좋아한다. 독일 황제의 예를 들어보겠다. 제1차 세계대전이 끝날 무렵에 그는 아마 세상 사람들 모두에게 가장 혹독하게 경멸을 받았을 것이다. 그가 목숨을 구하기 위해 네덜란드로 피신했을 때는 그의 조국마저 그에게 등을 돌렸다. 그를 향한 증오심이 너무 커서 수백만의 사람들이 그의 수족을 찢어 죽이거나 말뚝에 박아 화형에 처하기를 원했다.

이러한 분노의 불길 한가운데서 한 소년이 온정과 존경으로 가득한 단순하지만 진실한 편지를 한 통 써서 보냈다. 소년은 다른 사람들이 어떻게 생각하든 간에 자신은 빌헬름을 언제나 자신의 황제로서 사랑할 것이라고 썼다. 황제는 이 편지에 깊이 감동을 받아 소년을 초청했다. 소년은 어머니와 함께 황제를 찾아왔고, 이러한 인연으로 나중에 황제는 소년의 어머니와 결혼했다. 그 소년은 어떻게 친구를 얻고 사람들에게 영향을 미치는가에 관한 책을 읽을 필요가 없었다. 본능적으로 알았던 것이다.

친구를 사귀고 싶다면 다른 사람들을 위해 무언가를 해주려고 노력하자. 그 일에는 시간과 에너지가 필요하고, 다른 사람의 이익을 고려하고 깊이 생각하는 자세가 필요하다. 윈저 공이 웨일즈의 왕자였을 때 남아메리카를 일주할 계획을 세웠는데, 일주를 떠나기 전 몇 달 동안 스페인어를 배우는데 시간을 보냈다. 그 지역의 언어로 연설을 하기 위해서였다. 남아메리카 사람들은 그 이유 때문에 그를 사랑했다.

수년 동안 나는 친구들의 생일을 기억했다. 어떻게 그렇게 할 수 있었는가? 나는 점성술을 조금도 믿지 않았지만 친구들에게 태어난 날이 사람의 성격이나 기질과 연관이 있다고 믿는지 물어본 다음에, 그들이 몇 월 며칠에 태어났는지 물었다. 예를 들어 11월 24일에 태어났다고 하면, 나는 속으로 '11월 24일, 11월 24일' 하고 되뇌었다. 그리고 친구와 헤어지면 곧바로 그의 이름과 생일을 기록해 두었는데, 그것이 나중에 생일 수첩이 되었다. 해마다 연초에 나는 달력에 친구들의 생일을 표시해 두어서 내 눈에 자동적으로 들어오게 했다. 그리고 친구들의 생일날에 편지나 전보를 보냈다. 그것이 얼마나 큰 효과를 발휘했던지! 내가 생일을 기억해 준 유일한 사람이 되는 경우도 종종 있었다.

친구를 사귀고 싶다면 사람들을 활기 있고 열성적으로 맞아주어라. 누가 당신에게 전화를 걸어오면 전화를 받게 되어서 얼마나 기쁜지가 드러나는 목소리로 인사하라. 많은 회사에서 전화 교환원들에게 관심과 열의를 반영하는 목소리로 응대하도록 훈련시킨다. 그렇게 하면 전화를 건 사람들이 그 회사가 그들에게 관심을 갖고 있다고 느낀다. 이제부터 전화를 받을 때 이 점을 기억하라.

다른 사람들에게 진정으로 관심을 보이면, 친구를 사귈 수 있을 뿐만 아니라 회사에서는 단골 고객도 얻을 수 있다. 뉴욕의 대형 은행 중 한 곳에서 일하는 찰스 R. 월터스는 어떤 기업의 기밀문서를 작성하는 일을 맡게 되었다. 그는 그 일에 꼭 필요한 정보를 갖고 있는 유일한 사람이 그 기업의 사장임을 알았다. 월터스 씨가 그 기업의 사장실로 들어갔을 때 한 여자가 문 사이로 고

개를 내밀고는 오늘은 갖다드릴 우표가 없다고 말했다.

"열두 살 난 아들 녀석 때문에 우표를 수집하고 있죠." 하고 사장이 월터스 씨에게 말했다.

월터스 씨는 자신의 임무를 설명하고 질문하기 시작했다. 사장은 일반적이며 모호하게 답했다. 사장은 질문에 정확하게 대답하려고 하지 않았고, 월터스 씨에게 설득당할 것 같지도 않았다. 결국 인터뷰는 아무런 소득이 없이 짧게 끝났다.

나중에 월터스 씨가 강의 시간에 그 이야기를 전해 주었다.

솔직히 저는 어떻게 해야 할지 몰랐어요. 그러다가 저는 비서가 했던 말이 기억났어요. 우표, 열두 살 난 아들…… 그리고 우리 은행의 외환계에서 우표를 수집하고 있다는 것도 생각이 났어요. 전 세계에서 배달되는 편지에 붙어 있는 우표들 말입니다.

다음 날 오후에 저는 그 사장에게 전화를 걸었고, 그의 아들에게 줄 우표를 몇 장 보냈다고 말했어요. 제가 그의 사무실로 갔을 때 환영을 받았냐고요? 물론입니다. 그는 제가 국회의원에 출마했다고 해도 그처럼 열정적으로 저와 악수할 수는 없었을 것입니다. 그는 얼굴에 미소를 띠고 호의를 보였어요. '아들 조지가 엄청 좋아할 겁니다. 이것 좀 보시오. 굉장한 보물이군요.' 그가 우표들을 조심스럽게 어루만지면서 말했어요.

우리는 30분 정도 우표에 대해서 말하며 그의 아들 사진을 보았어요. 그러고 나서 그는 한 시간 이상을 제가 원하는 모든 정보를 말해 주었어요. 제가 질문을 할 필요도 없었어요. 그는 자신이 아는 것을 다 말해 준 다음에는 부하 직원을 불러서 물었어요. 동료들에게도 전화를 걸었지요. 그러고는 제게 필요한 정보, 숫자, 보고서, 공문들을 보여주었어요. 기자들 말로 비유하자면, 저는 그야말로 특종을 얻은 셈이었지요.

또 하나의 예가 있다.

필라델피아에 사는 C. M. 크나플은 수년 동안 대형 체인점에 연료를 팔기 위해서 애를 썼다. 그러나 그 체인점은 계속 연료를 다른 지역에서 구입했고, 연료를 실은 트럭들은 보란 듯이 크나플 씨의 사무실 앞으로 지나다녔다. 크나플 씨는 내 강의 시간에 앞에 나가서 체인점에 대한 분노를 폭발하고, 체인점을 나라의 골칫거리로 낙인찍었다. 그러면서 자신이 왜 그 체인점에 연료를 팔지 못하는지 의아해했다.

나는 그에게 다른 전략을 시도해 보라고 제안했다. 간단히 소개하면 다음과 같다. 우리는 '체인점 확산은 국가적으로 득보다는 해가 된다.' 는 주제로 수강생들과 찬반 토론을 벌였다.

크나플 씨는 이 토론에서 체인점을 옹호하는데 동의했다. 그러고는 곧장 그가 경멸했던 체인점의 경영인을 찾아가서 말했다. "이번에는 연료를 팔려고 온 게 아닙니다. 부탁드릴 게 있어서 왔습니다." 그는 강의에서 벌일 토론에 대해서 말했다. "제가 원하는 정보를 줄 수 있는 다른 분을 찾지 못해서 이곳에 도움을 청하러 왔습니다. 저는 그 토론에서 반드시 이기고 싶습니다. 당신이 뭐든 도움을 주시면 매우 감사하겠습니다."

이어서 크나플 씨가 직접 전하는 이야기를 들어보겠다.

저는 그에게 1분만 시간을 내달라고 요청했습니다. 그는 그렇게 하겠다는 조건으로 시간을 내주었어요. 제가 입장을 설명하자, 그는 의자에 앉으라고 하더니 정확히 1시간 47분 동안 이야기했어요. 또 그는 체인점에 대해서 책을 쓴 다른 경영인에게 전화도 했고, 미국 체인점협회를 통해서 그 주제에 대한 자료를 복사해 주었어요. 그는 체인점이 사람들에게 진정한 서비스를 준다고 생각했어요. 자신이 하고 있는 체인점 사업을 자랑스러워했지요. 그것을 말하는 동안 그의 눈은 정말 빛이 났어요. 사실, 제가 전에는 꿈에도 생각하지 못했던 것들에 대해서 제 눈을 열어주었고 저의 사고방식 전체를 바꾸게 했지요.

제가 나올 때 그는 문까지 배웅하며 제 어깨를 감싸고는 토론을 잘하길 바란다고 격려까지 했어요. 그리고 나중에 다시 들러서 토론이 어떻게 되었는지 알려달라고 했어요. 마지막으로 이렇게 덧붙였어요. "봄에 다시 와 주시겠소? 당신에게서 연료를 주문하고 싶소."

그 말은 제게 거의 기적과 같았습니다. 제가 말을 꺼내지도 않았는데 연료를 사겠다고 그가 스스로 제안한 것이었어요. 저는 2시간 동안 그와 그의 문제에 대해 진심으로 관심을 가짐으로써, 10년 동안 그에게 저와 제 연료에 대해 관심 갖게 하려고 애썼던 것보다 훨씬 더 좋은 결과를 낳은 것입니다.

크나플 씨가 새로운 진리를 발견한 것은 아니었다. 아주 오래 전에 유명한 로마의 시인 퍼블릴리어스 사이러스가 다음과 같이 지적했다. "우리는 다른 사람들이 우리에게 관심을 줄 때에야 비로소 그들에게 관심을 가진다." 관심의 표현도 인간관계의 다른 모든 원칙과 마찬가지로 진실해야 한다. 관심을 표현하는 사람뿐만 아니라 받는 사람에게도 도움이 되어야 한다. 양쪽에 다 이득이 되는 양방향 길이 되어야 한다.

뉴욕 주 롱아일랜드에서 나의 강의를 들은 마틴 긴즈버그는 한 간호사의 특별한 관심이 자신의 삶에 얼마나 깊이 영향을 미쳤는지를 전했다.

제가 열 살 때 추수감사절이었어요. 저는 시립병원의 복지 병동에서 다음 날 큰 정형외과 수술을 받을 계획이었어요. 몇 달간은 꼼짝없이 요양하고 고통을 참아야 한다는 것을 알았지요. 저는 아버지가 일찍 돌아가셔서, 어머니와 단둘이 작은 아파트에서 살았고 생활보조비를 받고 있었어요. 그날 어머니는 저를 보러 병원에 오실 수 없었어요.

병원에서 혼자 있던 저는 시간이 갈수록 외로움과 절망, 두려움에 사로잡혔어요. 어머니가 함께 음식을 나눌 사람도 없이 홀로, 추수감사절 만찬을 차릴 충분한 돈도 없이 집에서 저를 걱정하고 계실 것을 알았어요. 눈에서 눈물이 흘러내려 저는 베개로 얼굴을 덮고 이불을 뒤집어썼어요. 저는 조용하지만 아주 비통하고 심하게 울어서 몸이 흔들렸어요.

그때 한 간호 실습생이 제가 흐느끼는 소리를 듣고 다가왔어요. 그녀는 제 얼굴에서 이불을 걷어내고 눈물을 닦아주었지요. 그녀는 그날 근무 당번이어서 가족들과 함께 있을 수 없었기 때문에 참 외로웠다고 말했어요.

그녀는 제게 함께 저녁을 먹자고 했어요. 그리고는 음식을 담은 쟁반 두 개를 가져왔어요. 얇게 썬 칠면조 고기, 으깬 감자, 크랜베리 소스에다가 디저트로 아이스크림까지 있었어요.

그녀는 제게 말을 걸면서 저의 두려움을 가라앉히려고 애를 썼어요. 그녀는 오후 4시까지만 근무하면 되었는데 거의 오후 11시까지 자기 시간을 내서 제 곁에 있어주었어요. 저와 게임을 하고, 얘기를 나누면서 제가 잠들 때까지 있어주었지요.

그때 이후로 수많은 추수감사절이 오고 갔지만, 저는 그 특별한 날, 좌절감과 두려움, 외로움 그리고 그 모든 것을 참아낼 수 있게 해준 낯선 간호 실습생의 따뜻한 마음과 친절을 기억하지 않고 지낸 추수감사절이 한 번도 없었어요.

다른 사람들이 당신을 좋아하게 만들고 싶다면, 진정한 친구를 사귀고 싶다면, 당신 스스로를 돕는 동시에 다른 사람을 돕고 싶다면, 이 원칙을 기억하라.

사람들이 당신을 좋아하게 만드는 방법 1

다른 사람들에게 진심으로 관심을 가져라.

2 좋은 첫인상을 남기는 간단한 방법

뉴욕의 한 만찬회에 온 손님들 중에서 재산을 상속받은 한 여인이 모든 사람에게 좋은 인상을 남기기를 몹시 원했다. 그녀는 그리 많지 않은 재산을 흑담비 모피와 다이아몬드, 진주를 사느라 허비했지만 자기 얼굴과 관련해서는 아무것도 하지 않았다. 그녀의 얼굴에서는 심술과 이기심이 뿜어져 나왔다. 그녀는 다른 사람들이 모두 알고 있는 사실을 깨닫지 못했다. 즉 사람의 얼굴 표정이 그 사람이 입은 옷보다 훨씬 더 중요하다는 사실을 말이다.

찰스 슈왑은 자신의 미소가 백만 달러짜리라고 내게 말했다. 정말로 그는 진리를 알았던 것이다. 왜냐하면 그의 인격과 매력, 다른 사람들이 그를 좋아하게 만드는 능력이 그가 탁월하게 성공하는데 거의 전적으로 기여했기 때문이다. 그리고 그에게서 가장 빛이 나는 요소는 사람의 마음을 사로잡는 미소였다.

행동은 말보다 소리가 더 크다. 그리고 미소는 이렇게 말한다. "나는 당신을 좋아합니다. 당신이 나를 행복하게 합니다. 당신을 만나서 몹시 기쁩니다."

바로 그렇기 때문에 개들이 인기가 많은 것이다. 개는 우리를 보면 너무 기뻐서 껑충껑충 뛴다. 그래서 자연스럽게 우리도 개를 보면 기분이 좋아진다.

아기의 미소도 이와 동일한 효과를 낸다. 병원 대기실에서 진료를 받으려고 기다리는 초조하고 침울한 얼굴들을 본 적이 있는가? 미주리 주 레이타운의 수의사 스티븐 K. 스프라울은 봄이면 애완동물들에게 예방접종을 맞히기 위해서 기다리는 사람들로 가득한 대기실 풍경에 대해 이야기했다. 대기실에서는 아무도 얘기를 나누지 않았다. 모두가 그곳에서 '시간을 낭비' 하는 대신에 할 수 있는 다른 일들을 생각하고 있는 것 같았다.

그가 강의 시간에 전했다. "오륙 명의 손님들이 기다리고 있었는데, 아홉 달 된 아기를 안은 한 젊은 여자가, 새끼 고양이를 데리고 들어왔어요. 그녀는 다행히도, 오래 기다리느라 지쳐 아주 불편해진 한 신사 옆에 앉았어요. 그러자 아기가 신사를 쳐다보며 아기 특유의 함박웃음을 지었어요. 그 신사가 어떻게 했을까요? 물론 여러분이나 제가 다 그렇게 하듯이 아기에게 웃어주었지요. 그리고는 아기와 자기 손자들에 대해서 여자와 대화하기 시작했고, 대기실에 있던 모든 사람이 그 대화에 끼어들었어요. 따분함과 긴장감이 즐겁고 유쾌한 분위기로 바뀌었어요."

진실하지 못한 웃음은 어떤가? 그건 아니다. 웃음은 아무도 속이지 않는다. 우리는 기계적인 웃음을 잘 알아채고 그것에 분개한다. 내가 말하는 것은 진짜 미소, 마음을 따뜻하게 하는 미소, 마음속에서부터 우러나오는 미소, 값지게 팔릴 만한 미소이다.

미시간 대학에서 심리학을 가르치는 제임스 V. 맥코넬 교수는 미소에 대한 생각을 이렇게 표현했다. "미소를 지을 줄 아는 사람들은 좀 더 효과적으로 관리하고 가르치며, 영업하고, 아이들을 더 행복하게 키운다. 찡그림보다 미소에는 훨씬 많은 의미가 있다. 그래서 격려가 처벌보다 훨씬 더 효과적인 교수 방식이다."

뉴욕의 한 대형 백화점 인사부장은, 얼굴 표정이 침울한 철학박사를 채용하느니 대학을 졸업하지 못했어도 기분 좋은 미소를 띤 사람을 채용하겠다고 내게 말했다.

미소의 효과는 강력하다. 그 미소가 눈에 띄지 않을 때도 말이다. 미국의 전화기 회사들이 '전화의 능력' 이라는 프로그램을 하나 기획했는데, 상품이나 서비스를 파는데 전화를 이용하는 사람들을 대상으로 했다. 이 프로그램은 전화로 대화할 때 미소를 지으라고 권한다. '미소'가 목소리를 통해서 상대방에게 전달되기 때문이다.

오하이오 주 신시내티의 한 회사 전산부 관리인 로버트 크라이어는 채용하기 어려운 자리에 딱 맞는 지원자를 어떻게 성공적으로 찾아냈는지를 설명했다.

"컴퓨터 과학 분야에서 박사를 애타게 찾고 있었어요. 마침내 저는 퍼듀 대학을 막 졸업하고 이상적인 자격을 갖춘 젊은이를 찾아냈지요. 몇 번 그와 전화 통화를 한 뒤, 저는 그가 다른 여러 회사들로부터도 입사 제안을 받았고, 그중 몇몇 회사들은 우리 회사보다 더 크고 좋다는 것을 알았어요. 그래서 저는 그가 제 제안을 받아들였을 때 아주 기뻤어요. 그가 입사한 뒤에, 우리 회사를 택한 이유를 물었어요. 그는 잠시 뜸을 들이더니 대답하더군요. '다른 회사의 관리들에게서 사업적인 냉랭한 태도를 느꼈기 때문인 것 같습니다. 그들에게서 저는 사업상의 거래를 하는 듯한 느낌을 받았습니다. 그러나 부장님의 목소리는 저와 통화하게 되어 아주 기쁜 듯했어요. 제가 회사에 들어오기를 정말 원하는 것 같았어요.' 당신도 알겠지만 저는 여전히 미소를 지으며 전화 통화를 합니다."

나는 사업을 하는 수많은 사람들에게 한 사람을 정해서 일주일 동안 만날 때마다 미소를 보낸 다음에 강의 시간에 그 결과에 대해 이야기해 달라고 했다. 어떻게 되었는지 아는가? 몇 가지 예를 들어보겠다. 뉴욕의 증권 중개인인 윌리엄 B. 스타인하트가 보내온 편지는 예외가 아니다. 오히려 수백 경우 중의 한 예에 불과하다.

저는 결혼한 지 18년이 넘었는데, 그동안 아내에게 아침에 일어나서 출근할 때까지 미소를 띠거나 20단어 이상을 말해 본 적이 없었습니다. 저는 브로드웨이에서 가장 불평 많은 사람이었지요.

선생님이 미소와 관련된 경험에 대해 말해 보라고 했을 때 저는 일주일 동안 시험해 보려고 생각했습니다. 그래서 다음 날 아침, 머리를 빗으면서 거울에 비친 저의 침울한 얼굴을 바라보며 혼자 말했어요. '윌리엄, 오늘 너의 그 시큰둥한 얼굴을 지워버리겠어. 너는 미소 지을 거야, 바로 지금부터!' 저는 아침을 먹으러 식탁에 앉으며 아내에게 "여보, 좋은 아침이야." 하고 미소를 지으며 말했어요. 선생님은 아내가 놀랄 거라고 미리 주의를 주셨지요. 제 아내의 반응은 굉장했습니다. 아내는 어리둥절해 했죠. 충격을 받았어요. 저는 앞으로 늘 그렇게 할 것이라고 말하고, 매일 아침 그렇게 했습니다. 이렇게 저의 태도가 바뀌자 두 달 만에 우리 집은 더 행복해졌습니다.

저는 출근할 때면 아파트 엘리베이터 안내원에게 미소를 지으며 "안녕하세요?"라고 인사하고 도어맨에게도 미소 지으며 인사했지요. 지하철 매표소 직원에게도 미소 지으며 인사했고, 지금까지 제가 미소 짓지 않았던 사람들에게 미소를 지었어요.

저는 곧 모든 사람이 제게 미소로 답해 주는 것을 알게 되었어요. 제게 불평과 불만을 말하려고 온 사람들에게도 밝게 대했어요. 그들의 말을 들을 때 미소 짓자 문제가 쉽게 해결되었어요. 미소가 제게 돈을, 그것도 아주 많은 돈을 날마다 가져다준다는 것을 발견했습니다.

저는 다른 중개인과 사무실을 함께 쓰고 있는데, 그 중개인의 직원 중 하나가 아주 호감이 가는 젊은 친구였어요. 최근에 얻은 결과들에 아주 기분이 좋아진 저는 인간관계에 대한 저의 새로운 철학에 대해 그에게 말했어요. 그러자 그가, 제가 처음 그 사무실을 방문했을 때는 끔찍한 불평꾼이 왔다고 생각했었는데, 최근에 생각을 바꿨다고 고백하지 뭡니까. 그가 말하길, 제가 미소 지을 때 진짜 인간적으로 보인다고 합니다.

저는 또한 비판하는 습관도 버렸습니다. 이제는 비난하지 않고 인정하고 칭찬합니다. 제가 원하는 것을 말하는 일도 그만두었습니다. 지금은 다른 사람들의 관점을 알려고 노력합니다. 그러한 것들이 저의 삶에 말 그대로 대변혁을 일으켰습니다. 저는 완전히 딴 사람이 되었어요. 더 행복하고 더 부유하고 친구들도 더 많아졌어요. 인생을 살아가는데 있어서 가장 중요한 부분에서 성공한 셈이지요.

당신은 미소 지을 기분이 아니라고? 그래서 어쨌다는 것인가? 두 가지를 하라. 먼저, 억지로라도 미소를 지어라. 혼자 있다면 휘파람을 불든가 흥얼거리든가 노래를 불러보라. 당신이 이미 행복한 듯이 행동하라. 그러면 행복해질 것이다. 심리학자이자 철학자인 윌리엄 제임스가 제안한 방법이 있다.

"행동은 감정에 뒤따라오는 것 같지만 사실 행동과 감정은 같이 간다. 따라서 의지에 좀 더 직접적인 통제를 받는 행동을 조절함으로써 의지에 직접적인 통제를 받지 못하는 감정을 간접적으로 조절할 수 있다.

그러므로 좋은 기분을 잃었을 때, 좋은 기분을 자주적이고 자발적으로 일으키는 방법은 쾌활하게 행동하고, 이미 기분이 좋아진 것처럼 말하는 것이다."

세상의 모든 사람이 행복을 찾고 있는데, 그것을 찾을 수 있는 확실한 방법 한 가지가 있다. 그것은 당신의 생각을 통제하는 것이다. 행복은 외부 환경이 아니라 내부 환경에 달려 있다.

당신을 행복하거나 불행하게 만드는 것은, 당신이 갖고 있는 것이나 당신이 누구인가 또는 어디에 있는가, 무엇을 하는가가 아니다. 그것에 대해 당신이 어떻게 생각하느냐에 달려 있다. 예를 들어, 같은 장소에서 같은 일을 하는 두 사람이 있다고 하자. 두 사람은 다 동일한 재산과 사회적 지위를 갖고 있다. 그런데도 불구하고 한 사람은 불행하고, 다른 한 사람은 행복할 수 있다. 왜 그럴까? 그것은 사고방식이 다르기 때문이다. 나는 뉴욕이나 시카고, 로스앤젤레스의 에어컨이 잘 나오는 사무실에서보다 열대 지방의 찜통 같은 더위 속에서 원시적인 연장들을 들고 힘들게 일하는 가난한 농부들 사이에서 행복한 얼굴들을 더 많이 보았다.

"좋은 것 또는 나쁜 것은 아무것도 없다. 단지 생각이 그렇게 만드는 것이다."라고 셰익스피어가 말했다.

에이브러햄 링컨도 일찍이 "사람들 대부분은 그들이 마음먹은 만큼 행복해진다."고 지적했다. 그가 옳았다.

에세이스트이자 출판업자인 앨버트 허버드의 지혜로운 충고를 정독하라. 그러나 그것을 적용하지 않는다면 정독은 아무런 이익을 가져다주지 않는다는 사실을 기억하라.

문을 나설 때마다 턱을 당기고 고개를 들어 숨을 최대한 들이마셔라. 햇볕을 만끽하라. 친구들을 미소로 반기고 악수할 때마다 정성을 다해라. 오해받는 것을 두려워하지 말고, 적들을 생각하는데 1분도 시간을 낭비하지 마라. 당신이 하고 싶은 일에 확고히 마음을 고정하라. 그리고 방향을 틀지 말고 목표를 향해 곧장 움직여라. 당신이 하고 싶은 위대하고 멋진 일에 마음을 고정하라. 그러면 밀려오고 나가는 조수를 통해서 산호가 필요한 영양분을 얻듯이, 머지않아 당신이 원하는 것을 이루는데 필요한 기회를 자기도 모르게 움켜쥐고 있는 자신을 발견할 것이다. 당신이 되고 싶은 능력 있고 성실하고 유능한 사람을 마음속에 그려라. 그러면 당신이 품고 있는 그 생각이 시간마다 당신을 그러한 사람으로 변화시킬 것이다. ……생각이 가장 중요하다. 올바른 정신 자세를, 곧 용기와 솔직함, 쾌활함을 지켜라. 올바르게 생각하는 것은 창조하는 것과 같다. 모든 것은 갈망으로부터 나오고, 진실한 모든 기도는 응답된다. 우리는 우리의 마음에 따라 변한다. 턱을 당기고 머리를 높이 들라. 우리는 고치 속에 들어 있는 신이다.

고대 중국인들은 처세술에 있어서 지혜로운 사람들이다. 그래서 중국에는 당신과 내가 꼭 기억해야 할 속담들이 있다. 예를 들면 다음과 같다. "얼굴에 미소가 없는 사람은 가게를 열어서는 안 된다."

당신의 미소는 당신에게 호의를 가져다주는 메신저이다. 당신의 미소는 당신을 보는 모든 사람의 삶을 밝혀준다. 찌푸리고 노려보고 무시하는 많은 사람을 만난 누군가에게 당신의 미소는 구름 속에서 밝게 빛나는 태양과 같다. 특별히 상사나 고객, 선생님, 부모님, 자녀에게 압박을 받고 있는 사람에게 미소는 새로운 소망을, 세상에는 기쁨이 있다는 사실을 깨닫게 도움을 준다.

사람들이 당신을 좋아하게 만드는 방법 2

미소 지어라.

3 상대방의 이름을 기억하지 못하면 문제가 발생한다

1898년으로 돌아가 보자. 뉴욕 주 로클랜드 카운티에서 비극적인 일이 일어났다. 한 아이가 죽어서, 그날 이웃들은 장례식에 갈 준비를 하고 있었다. 짐 팔리는 말을 타고 가려고 마구간으로 갔다. 땅은 눈으로 덮여 있었고, 대기는 살을 에는 듯이 차가웠다. 말은 며칠 동안 운동을 하지 못했었다. 그래서 짐 팔리가 물이 담긴 구유로 이끌자 말은 신이 나서 빙빙 돌더니 뒷발을 위로 힘차게 걷어차 그를 죽이고 말았다. 그래서 스토니 포인트의 작은 마을은 한 주에 두 번의 장례식을 치러야 했다.

짐 팔리의 유족으로 미망인과 세 아들, 그리고 보험금 몇 백 달러가 남았다. 열 살 난 맏아들 짐은 벽돌공장에서 일을 했다. 모래를 날라서 틀에 붓고, 벽돌을 뒤집어 가며 햇볕에 말렸다. 소년 짐은 교육을 많이 받을 기회가 없었다. 그러나 그는 타고난 싹싹함으로 사람들이 자신을 좋아하게 만드는 재주가 있었다. 그래서 그는 정치계에 들어갔고 세월이 흘러, 사람들의 이름을 기억하는 신비로운 능력을 발전시켰다. 그는 고등학교 문턱에도 가본 적이 없었다. 그런데도 그는 46세가 되기 전에 4개의 명예박사 학위를 받았고 민주당 전국위원회 의장과 미국 우정공사 총재가 되었다.

내가 짐 팔리를 인터뷰하면서 성공 비결에 대해 묻자 그가 열심히 일한 덕이라고 대답했다. 나는 "농담이시죠?" 하고 되물었다. 그러자 그는 자신이 성공한 비결이 무엇이라고 생각하느냐고 내게 물었다. 나는 "저는 당신이 1만 명의 이름을 기억하신다는 것을 압니다."라고 말했다. "아니요. 틀렸소. 5만 명의 이름을 기억합니다."라고 그가 대답했다.

이 점을 주의 깊게 보라. 짐 팔리는 이러한 능력으로 1932년 프랭클린 D. 루스벨트의 선거운동을 도와 그가 백악관에 입성하는데 일조를 하였다.

짐 팔리는 석고회사에서 영업사원으로 돌아다니고 스토니 포인트에 사무실을 연 수년 동안 사람들의 이름을 기억하는 체계를 확립했다. 처음에는 아주 간단했다. 새로 사람을 만나게 될 때마다 그는 그 사람의 성과 이름, 가족에 관한 몇 가지 사실들, 사업이나 정치적인 견해들을 알아갔다. 그는 모든 정보를 그림의 한 부분처럼 잘 기억해 두었고, 나중에 그 사람을 만나면 1년 뒤라 하더라도 악수를 하면서 가족의 안부와 뒷마당의 접시꽃에 대해서 물었다. 의심할 바 없이 그는 관계를 계속 발전시켜 나갔을 것이다!

루스벨트의 대선 운동이 시작되고 나서 몇 달 동안 짐 팔리는 미 서부와 서북부 전역의 사람들에게 하루에 수백 통의 편지를 썼다. 그리고 그는 기차에 몸을 싣고 19일 동안 이 지역을 방문해서 마차나 기차, 승용차, 배를 타고 20개 주 1만 2천 마일을 다녔다. 그는 마을에 닿으면 점심 식사나 아침 식사, 티타임, 만찬을 하면서 사람들을 만났고, 그들과 마음을 터놓는 대화를 했다. 그러고는 서둘러 다시 여행길에 올라 다른 사람들을 만나러 달려갔다.

그는 동부로 돌아오자마자 자신이 방문했던 각 마을마다 한 사람씩에게 편지를 써서 자신과 대화했던 모든 사람의 목록을 요청했다. 마지막 목록에는 수천 명의 이름이 올랐는데, 그 목록에 이름이 올라간 모든 사람은 짐 팔리에게서 개인적인 편지를 받았다. 그 편지들은 '친애하는 빌' 또는 '친애하는 제인' 등으로 시작했고, 모두 '짐' 이라는 사인으로 끝났다.

짐 팔리는, 일반적으로 사람들이 세상의 다른 이름들을 모두 합친 것보다 자신의 이름에 더 관심을 가진다는 사실을 일찍부터 깨달았다. 이름을 기억하고 그 이름을 불러주는 것은 매우 섬세하고 효과적으로 칭찬하는 것과 같다. 그러나 이름을 잊어버리거나 잘못 부르면 아주 큰 난관에 부딪힌다. 예를 들어보겠다. 나는 한 번은 파리에서 대중 연설 강의를 준비하면서 파리 내에 거주하는 모든 미국인에게 편지를 보낸 적이 있었다. 영어를 잘 모르는 프랑스인 타이피스트가 이름을 잘못 입력하는 실수를 했다. 대형 미국 은행의 파리 지점장이 자기 이름을 잘못 썼다고 호되게 질책하는 편지를 내게 보내왔던 것이다.

때로는 이름을 기억하기가 어렵다. 특히 발음이 어려울 때는 더욱 그렇다. 그러면 사람들은 정확히 배우려고 하지 않고, 이름을 잊거나 좀 더 쉬운 애칭으로 부른다. 시드 레비는 니코데무스 파파둘로스라는 고객을 방문했다. 사람들 대부분은 그를 '닉'이라고 불렀다. 레비는 다음과 같이 전했다. "그를 찾아가기 전에 이름을 여러 번 불러보면서 연습했습니다. 제가 '안녕하세요, 니코데무스 파파둘로스 씨' 하고 이름을 다 부르면서 인사하자, 그는 놀란 듯했습니다. 몇 분 동안 아무 대답도 하지 못했거든요. 마침내 그는 눈물을 몇 방울 떨어뜨리며 말했어요. '레비 씨, 15년 동안 이 나라에서 아무도 제 이름을 정확하게 불러준 적이 없었습니다.'"

앤드류 카네기가 성공한 비결은 무엇이었을까?

그는 '강철왕'이라 불렸지만 그 자신은 강철 제조에 대해서 아는 것이 없었다. 그는 강철에 대해서 그 자신보다 훨씬 잘 아는 수백 명의 사람들과 일을 했다.

그러나 그는 사람들을 다루는 방법을 알았고, 그것으로 인해 부자가 되었다. 그는 일찍부터 조직력과 리더십에서 천재적인 재능을 보였다. 열 살쯤 되었을 때, 그도 역시 사람들이 자신의 이름을 아주 중요하게 여긴다는 사실을 깨달았다. 그가 스코틀랜드에서 소년 시절을 보낼 때 어미 토끼를 한 마리 잡은 적이 있었다. 짜잔! 곧 그에게는 한 무리의 새끼 토끼들이 생겼는데 먹일 게 없었다. 그는 반짝이는 아이디어가 하나 떠올랐다. 이웃의 아이들을 불러놓고는, 나가서 클로버와 민들레를 따서 토끼들에게 먹이면 그 아이들의 이름을 토끼들에게 붙여주겠다고 했다. 그 계획은 신기하게도 효과가 있었고, 카네기는 그 일을 절대로 잊지 않았다.

수년 뒤에 그는 이와 같은 심리를 사업에 활용하여 수백만 달러를 벌었다. 예를 들면, 그가 펜실베이니아 철도회사에 강철 레일을 팔고자 했을 때였다. 그때 펜실베이니아 철도회사의 사장은 J. 에드가 톰슨이었다. 앤드류 카네기는 피츠버그에 거대한 강철공장을 짓고 이름을 '에드가 톰슨 강철 제철소'라 지었다.

수수께끼를 하나 내보겠다. 알아맞혀 보라. 펜실베이니아 철도회사에서 강철 레일이 필요할 때 J. 에드가 톰슨 사장이 어디에서 구매했으리라고 생각하는가?

카네기와 조지 풀먼이 침대열차 사업에서 경쟁을 벌일 때 강철왕 카네기는 토끼들을 통해 배운 교훈을 다시 한 번 기억해 냈다.

앤드류 카네기가 운영하던 센트럴 철도회사와 풀만이 소유한 회사가 경쟁하고 있었다. 두 회사가 유니온 퍼시픽 철도회사의 침대차 사업권을 따내기 위해 서로 맞섰는데, 두 회사 모두 가격을 대폭 낮추면서 이윤을 낼 수 있는 가능성은 희박했다. 카네기와 풀먼이 유니온 퍼시픽사의 이사진을 만나기 위해서 뉴욕으로 갔다. 카네기가 어느 날 저녁 세인트 니콜라스 호텔에서 풀먼을 만났을 때 다음과 같이 말했다. "안녕하세요, 풀먼 씨. 우리가 어리석은 짓을 하고 있는 것은 아닐까요?"

"무슨 뜻이오?" 풀먼이 물었다.

카네기는 자신이 생각하는 것, 곧 합병에 대해서 설

명했다. 그는 양측의 손해 대신에 함께 일함으로써 상호간에 얻을 수 있는 이익에 대해서 열변을 토했다. 풀먼은 주의 깊게 들었지만 완전히 설득되지는 않았다. 마침내 그가 물었다. "그러면 새 회사의 이름은 무엇이라 짓겠소?" 카네기는 즉시 대답했다. "물론, '풀먼 객차회사' 이지요."

풀먼은 얼굴이 환해져서 말했다. "내 방으로 가서 좀 더 이야기해 봅시다." 그 대화로 산업계의 역사가 만들어졌다. 친구나 사업상 협력자의 이름을 기억하고 존중하는 방침이 앤드류 카네기 리더십의 비밀 중 하나였다. 그는 자신이 많은 공장 직원들을 이름으로 부를 수 있는 것과, 자신이 공장의 직접 책임자였을 때는 파업이 한 번도 발생하지 않았던 것을 자랑스럽게 생각했다.

텍사스 커머스뱅크셰어스의 회장인 밴톤 러브는 회사가 커질수록 점점 냉랭해진다고 생각했다. 그래서 그는 "회사 분위기를 따뜻하게 하는 한 가지 방법은 직원들의 이름을 기억하는 것이다. 이름을 기억하지 못하는 임원은 사업의 중요한 부분을 기억하지 못하는 것과 마찬가지이며 따라서 위험한 상황을 야기하고 있는 것과 같다."고 말했다.

사람들은 자기 이름을 아주 중요하게 여겨서 어떤 값

을 치르더라도 이름을 영원히 남기려고 애를 쓴다.

수세기 동안 귀족이나 권력자들은 예술가나 음악가, 작가들을 후원하며 작품을 자신들에게 헌정하도록 했다. 도서관이나 박물관 등에는 자신의 이름이 인류의 기억 속에서 사라진다는 생각을 견디지 못한 사람들이 기증한 값비싼 소장품들이 있다. 뉴욕 시립도서관에는 에스터와 레녹스 소장품들이 있고, 메트로폴리탄 박물관에는 벤저민 알트만과 J. P. 모건의 이름이 새겨져 있다. 그리고 거의 모든 성당은 기증자들의 이름을 새긴 아름다운 스테인드글라스 창문으로 장식되어 있다. 대부분 대학의 수많은 건물들은 그 대학에 기부를 많이 한 사람들의 이름을 담고 있다.

많은 사람들이 이름을 기억하지 못하는 이유는 단지 이름을 잊지 않도록 집중하고, 반복하며, 연습하는데 시간과 에너지를 쏟지 않기 때문이다. 그리고는 너무 바쁘다고 스스로에게 변명한다. 그러나 프랭클린 D. 루스벨트보다 더 바쁜 사람은 아마 없을 텐데, 그는 자신이 만났던 기계공의 이름도 기억하려고 시간을 투자했다.

예를 들어보겠다. 크라이슬러사가 다리가 마비되어 일반적인 차를 운전할 수 없는 루스벨트를 위해서 특별한 차를 만들었고, W. F. 쳄버레인 씨와 기계공이 그 차를 백악관으로 운반했다. 쳄버레인 씨가 그때의 경험을 털어놓은 편지를 내게 보냈는데 그 내용을 소개하겠다.

저는 루스벨트 대통령께 특이한 장치들이 많은 그 차를 조종하는 방법을 가르쳐드렸지만, 그분은 제게 사람을 다루는 대단한 기술을 가르쳐주셨습니다.

제가 백악관으로 갔을 때 대통령은 아주 밝고 생기가 넘치셨습니다. 제 이름을 불러주셔서 저는 아주 편안했고, 특히 제가 보여드리고 말씀드려야 하는 것에 굉장한 관심을 갖고 계시다는 것이 인상적이었어요. 차는 온전히 손으로만 작동되도록 만들어졌는데, 한 무리의 사람들이 차를 보러 모여들자 그분이 말씀하셨습니다. "정말 멋지군. 버튼만 누르면 힘들이지 않고 차가 굴러간다니 말이야. 정말 굉장해. 이게 어떻게 앞으로 가는지 한 번 분해해서 작동 방식을 보고 싶을 정도라고."

대통령의 친구들과 동료들이 차를 칭찬하자 대통령은 그들 앞에서 이렇게 말씀하셨어요. "쳄버레인 씨, 이 차를 개발하느라 들인 모든 시간과 노력에 무척 감사합니다. 대단히 훌륭합니다." 그는 냉각기와 특수 백미러, 시계, 특수 조명등, 실내 커버, 운전석 위치, 대통령의 머리글자를 새긴 트렁크 속의 여행가방 들을 칭찬하셨지요. 다시 말해, 대통령은 제가 상당히 공을 들였다고 생각하는 모든 부분을 자세히 보신 것입니다. 대통령은 영부인과 프랜시스 퍼킨스 노동부 장관, 그리고 비서에게도 그런 장치들을 주목해서 보라고 말씀하셨습니다. 심지어는 백악관의 수위를 불러서 이렇게 말씀하셨어요. "조지, 특별히 이 가방들을 조심히 다뤄주게."

운전 교습이 끝나자 대통령은 저를 돌아보고 말씀하셨어요. "쳄버레인 씨, 내가 연방준비제도이사회를 30분이나 기다리게 했군요. 이제는 가봐야 할 것 같아요."

저는 백악관에 기계공을 한 명 데리고 갔었어요. 루스벨트 대통령을 처음 뵈었을 때 그를 인사시킨 후, 그는 대통령과 한 마디도 대화를 나누지 않았기 때문에 대통령은 그의 이름을 단 한 번 들었을 뿐이고요. 그 기계공은 수줍음이 많아서 계속 뒤에 있었어요. 그런데 우리가 떠나기 전에 대통령은 기계공을 찾으시더니, 그의 이름을 부르며 악수를 하셨어요. 그러고는 워싱턴까지 와줘서 고맙다고 하셨죠. 그 말은 전혀 형식적인 것이 아니었어요. 진심으로 그렇게 말씀하셨어요. 저는 그것을 느낄 수 있었답니다.

뉴욕으로 돌아온 며칠 뒤에 나는 우편으로 루스벨트 대통령의 친필 사인이 있는 사진과 저의 도움에 대해 다시 한 번 감사를 표하는 짧은 메모를 받았습니다. 그분이 어떻게 그런 시간을 내셨는지 저는 신기할 따름입니다.

프랭클린 D. 루스벨트는 다른 사람으로부터 호의를 얻는 가장 간단하면서도 확실하고 중요한 방법은 이름을 기억하고 그들을 중요한 존재라고 느끼게 만드는 것임을 알았다. 그런데 우리들 중 얼마나 많은 사람들이 그렇게 하고 있는가? 우리는 살아가는 시간의 반을 낯선 사람들과 만나고 몇 분간 그들과 담소도 나누지만 헤어질 때쯤에는 그들의 이름도 기억하지 못한다.

정치가들이 처음으로 배우는 교훈은 다음과 같다. "유권자의 이름을 기억하는 것은 정치인의 능력이다. 이름을 잊는 것은 곧 그 자신도 잊히게 될 것을 의미한다."

이름을 기억하는 능력은 정치계뿐만 아니라 사업계와 우리 모두에게 중요하다. 인디애나 주에 있는 제너럴 모터스사에서 일하는 캔 노팅햄은 보통 사내 식당에서 점심을 먹었다. 그는 배식대의 여직원이 늘 인상을 찌푸리고 있는 것을 눈여겨보았다.

"그녀는 2시간 동안 샌드위치를 만들었는데, 그녀에게 저는 그저 하나의 샌드위치에 불과했죠. 제가 원하는 것을 말하면, 그녀는 작은 저울에 햄 무게를 잰 다음에 양상추 한 잎과 감자튀김 몇 조각을 건네주었죠. 다음 날에도 저는 같은 줄에 섰어요. 그녀는 전날과 똑같이 인상을 찌푸리고 있었어요. 전날과 다른 것은 제가 그녀의 이름표를 보았다는 것이지요. 저는 미소를 지으며 인사했어요. '안녕하세요, 유니스 양!' 그러고 나서 제가 원하는 것을 말했어요. 그러자 그녀는 저울에 달아보지도 않고 햄을 얹고는 양상추 세 잎에 감자튀김을 접시에 수북이 담아주었어요."

우리는 이름에 담긴 신기한 힘을 알아야 하고, 우리가 다루고자 하는 사람들이 완전하게 소유한 유일한 것이 바로 이름이라는 사실을 깨달아야 한다. 이름은 개인을 따로 떼어 구별하고, 다른 모든 사람과 달리 독특하게 만들어준다. 개인의 이름을 부르면서 접근하면, 우리가 전달하는 정보나 묻는 질문은 특별한 중요성을 띠게 된다. 식당 종업원에서부터 최고 경영자에 이르기까지 모든 사람을 다룰 때, 그 사람의 이름은 신기한 힘을 발휘할 것이다.

사람들이 당신을 좋아하게 만드는 방법 3

사람에게 자기 이름은 가장 달콤하고 중요한 말임을 기억하라.

4 좋은 대화 상대가 되는 비결

얼마 전에 브리지 파티에 갔다. 나는 브리지 게임을 하지 않았는데, 그곳에도 게임을 하지 않는 여자가 한 명 있었는데, 금발의 부인이었다. 그녀와 얘기를 하는 중에 로웰 토마스가 라디오로 옮기기 전에 내가 그의 매니저였으며, 그가 진행하는 여행 만담을 준비하기 위해 여러 번 유럽을 여행했었다는 사실을 알려주었다. 그녀가 말했다. “카네기 씨, 당신이 방문하고 보았던 아름다운 명소들에 대해서 말씀해 주시겠어요?”

그녀는 소파에 앉아 이야기를 나누면서, 최근에 남편과 함께 아프리카 여행을 다녀왔다고 말했다. “아프리카라! 참 흥미진진했겠어요. 저는 늘 아프리카에 가고 싶었지만 알제리의 수도 알제에 한 번 24시간 동안 있어 본 것 말고는 못 가봤어요. 맹수가 사는 곳도 가보셨나요? 그래요? 참 좋았겠습니다. 부럽습니다. 아프리카에 대해서 얘기 좀 더해 주세요."라고 내가 감탄하며 요청했다. 그녀의 얘기는 45분 동안이나 계속되었다. 그녀는 내게 어디에 가보았고 무엇을 보았는지 다시 묻지 않았다. 나의 여행에 대해서는 더 이상 듣고 싶어 하지 않았다. 그녀가 원했던 것은 오직 관심 있게 들어주는 사람이었다. 그래서 자신의 자아를 확장시키고 자신이 가봤던 곳에 대해서 말할 수 있기를 바랐던 것이다.

그녀가 특이한 것일까? 아니다. 많은 사람들이 그녀와 같다.

예를 들어보겠다. 나는 뉴욕의 한 출판업자가 연 디너파티에서 식물학자를 한 명 만났다. 전에 그와 대화를 나눈 적이 한 번도 없었지만, 나는 곧 그에게 끌렸다. 그야말로 의자 끝에 걸터앉아서 그가 열대식물과 새로운 식물 개발 실험, 실내 정원에 대해서 이야기하는 것을 유심히 들었다.(그는 변변찮아 보였던 감자에 관하여 놀라운 사실들도 알려주었다.) 내게도 조그마한 실내 정원이 있었는데 그와 관련된 사소한 문제들을 해결하는 방법을 그가 충분히 설명해 주었다.

이미 말했듯이 그 자리는 디너파티였다. 다른 손님들이 10여 명 더 있었을 터였지만 나는 모든 예의 규범을 어겼다. 다른 사람들은 무시하고 몇 시간 동안 그 식물학자하고만 대화를 나눴다.

자정이 되어 나는 모두에게 인사를 하고 자리를 떴다. 그 후 그 식물학자는 만찬회 주최자에게 가서 나에 대해서 여러 가지로 칭찬을 했다. 나는 '가장 활기 있는' 사람이고, 이러저러한 사람이며, '가장 흥미진진한 대화 상대' 라고 그가 말했다는 것이다.

흥미진진한 대화 상대라고? 내가? 나는 거의 말을 하지 않았는데. 나는 얘기 주제를 바꾸고 싶다는 것 말고는 아무 말도 할 수 없었다. 왜냐하면 펭귄의 몸 구조만큼이나 식물에 대해서는 아는 게 없었기 때문이다. 그러나 나는 열심히 들었다. 진짜 관심이 있었기 때문에 귀 기울여 들었다. 그도 그것을 느꼈고, 당연히 그것 때문에 기분이 좋았을 것이다. 이처럼 관심 있게 듣는 일은 우리가 누구에게나 줄 수 있는 최고의 찬사이다.

잭 우드포드는 《사랑에 빠진 이방인들》이라는 책에서 다음과 같이 썼다. "완전히 몰입해서 이야기를 듣는, 은근한 아부에 반대하는 사람은 거의 없다." 나는 그에게 완전히 몰입해서 듣는 것 이상이었다. '진심으로 그를 인정했고, 아낌없이 칭찬' 했던 것이다.

나는 그에게 굉장히 즐겁고 유익했다고 말했는데, 정말 그랬다. 나도 그가 아는 것들을 알고 싶다고 말했는데, 정말 알고 싶었다. 나는 그와 함께 들판을 거닐고 싶다고 말했는데, 정말 그렇게 하고 싶었다. 나는 그를 다시 만나고 싶다고 말했는데, 정말 다시 만나고 싶었다.

이렇게 해서 그는 내가 좋은 대화 상대라고 생각하게 되었다. 사실 나는 그저 잘 듣고, 그가 말할 때 북돋아 주었을 뿐이었다.

사업상의 인터뷰를 성공적으로 이끄는 비결은 무엇일까? 하버드대 총장이었던 찰스 W. 엘리엇은 다음과 같이 말했다. "성공적인 사업상의 소통과 관련해서 비법은 없다. ……당신에게 말하는 사람에게 전적으로 집중하는 것이 중요하다. 그것처럼 상대를 기쁘게 하는 것은 없기 때문이다."

엘리엇은 듣는 기술의 명수였다. 미국의 위대한 소설가 중의 하나인 헨리 제임스는 다음과 같이 회상했다. "엘리엇 박사는 그저 조용히 듣기만 한 것이 아니라 일종의 활동을 했다. 등을 곧게 펴고 앉아서 깍지 낀 두 손을 무릎 위에 얹고는 엄지를 빠르게 또는 천천히 돌리는 것 말고는 움직이지 않고 상대방의 얼굴을 마주보았는데, 귀뿐만 아니라 눈으로도 듣는 것 같았다. 그는 마음으로 들었고, 상대방이 말하는 동안 그 의도를 주의 깊게 생각했다. ……대화가 끝날 때쯤이면, 그와 이야기한 사람은 자기가 할 말을 다했다고 느낄 수 있었다."

잘 듣는 것은 사업의 세계에서뿐만 아니라 가정생활에서도 똑같이 중요하다. 뉴욕 주 크로톤 온 허드슨에 사는 밀리 에스포시토는 자녀들이 그녀와 이야기하고자 할 때 주의 깊게 들어주는 것을 사명으로 여겼다.

어느 날 저녁 그녀는 아들 로버트와 주방에 앉아서 아들이 생각하고 있는 어떤 주제에 대해서 짧게 대화를 나눴다. 이야기를 마치고 아들 로버트가 말했다. "엄마, 저는 엄마가 저를 무척 사랑한다는 것을 알아요."

에스포시토 부인은 감격해서 말했다. "당연히 엄마는 너를 무척 사랑한단다. 안 그런 것 같았니?"

로버트가 대답했다. "아니요. 엄마가 저를 사랑하는 것을 진짜 알아요. 왜냐하면 제가 엄마에게 뭔가를 말하려고 하면 엄마는 무슨 일을 하고 계시든지 하던 일을 멈추고 제 말에 귀 기울여 들어주시기 때문이에요."

지독한 불평가, 심지어 가장 신랄한 비평가도 호의적으로 참을성 있게 듣는 사람 앞에서는 종종 유순해지고 심기가 누그러진다. 잘 듣는 사람은 성난 잔소리꾼이 킹코브라처럼 독을 내뿜는 동안에도 잠잠히 들어준다.

예를 들어보겠다. 몇 년 전 어느 날 아침에 한 성난

고객이 줄리안 F. 데트머 씨의 사무실로 뛰어 들어왔다. 세계에서 가장 큰 모직물 공급 회사로 자리매김한 데트머 모직회사의 창립자인 바로 그의 이야기를 들어보자.

그 고객은 저희 측에 약간의 돈을 빚지고 있었지요. 그런데 그 사실을 인정하지 않았고, 우리 회사의 채권팀은 빚을 갚으라고 요구했어요. 채권팀으로부터 독촉장을 몇 번 받은 고객은 가방을 싸 시카고까지 와서는 제 사무실로 들이닥친 것입니다. 빚을 갚지 않을 뿐만 아니라 앞으로는 데트머 모직 제품은 절대로 사지 않겠다고 통보하기 위해서였죠.

저는 그가 말하는 것 모두를 인내심을 가지고 들었습니다. 그의 말을 끊고 제 말을 하고 싶었지만 그것은 좋은 방책이 아님을 깨달았습니다. 그래서 그가 계속 이야기하도록 두었어요. 마침내 그가 진정하고 제 말을 들을 자세가 되었을 때 제가 조용해 말했어요. "시카고까지 오셔서 제게 말씀해 주셔서 감사합니다. 고객님은 제게 아주 큰 호의를 베풀어주신 것입니다. 왜냐하면 우리 채권팀에서 고객님을 불편하게 했다면 다른 선량한 고객들에게도 불편을 끼칠 것이고, 그러면 저희 상황이 아주 나빠질 것이기 때문입니다. 고객님이 제게 말씀하시고 싶었던 것보다 더 제가 이러한 상황에 대해서 듣기를 원했다고 저는 생각합니다."

이러한 말이 고객이 제게 원했던 것이었지요. 제 생각에 그는 크게 실망했을 것입니다. 사실, 그는 따지려고 시카고까지 왔는데 저는 그와 다투려고 하기보다 장부에 적힌 그의 빚을 지워주려고 했으니 말입니다. 우리 회사는 수천의 고객들과 거래를 하지만 그는 자기 것 하나만 관리하면 되고 매우 꼼꼼한 사람이므로, 우리 회사보다 그가 실수할 확률이 더 적을 것이기 때문이라고 제가 말했거든요.

저는 그의 마음을 아주 잘 이해하며, 제가 그의 입장이었다면 저도 그와 똑같이 행동했을 거라고도 말했어요. 그리고 그가 우리 회사 제품을 더 이상 구입하지 않겠다고 했기 때문에 다른 모직회사들을 추천하기도 했습니다. 예전에 그가 시카고에 오면 우리는 함께 점심을 먹곤 했어요. 그래서 저는 그날도 함께 점심을 먹자고 했어요. 그는 마지못해 수락했지만 점심을 먹고 사무실로 돌아와서는, 전보다 더 많이 주문을 했습니다. 그는 마음을 풀고 집으로 돌아갔는데, 우리 회사가 공정하게 대해 준 만큼 자신도 공정하게 행동하길 원한다면서, 자신이 엉뚱한 곳에 잘못 둔 청구서를 하나 찾았다는 사과의 말과 함께 수표를 보내주었어요.

나중에 그 고객은 아들을 낳았는데 아들 이름을 데트

머라 지었고, 죽을 때까지 22년간 우리 회사의 친구이자 고객이 되어주었답니다.

수많은 유명 인사들을 인터뷰한 기자 아이작 F. 마커슨은 많은 사람들이 주의 깊게 듣지 않기 때문에 호의적인 인상을 주지 못한다고 말했다. "사람들은 다음에 자신이 할 말에 너무 신경을 쓰느라 다른 사람이 하는 말을 잘 듣지 못합니다……. 말을 잘하는 사람보다는 잘 듣는 사람을 선호하는데 다른 좋은 특성들에 비해서 잘 듣는 능력을 가진 사람이 드문 것 같다고, 중요한 위치에 있는 사람들이 말하더군요."

주요 인사들만이 아니라 보통 사람들도 잘 듣는 사람을 간절히 원한다. <리더스 다이제스트>는 '많은 사람들이 의사를 찾는 건 단지 자기 말을 들어줄 사람이 필요해서.' 라고 전했다.

미국 남북전쟁의 어두운 기간 동안 링컨은 일리노이주 스프링필드에 사는 옛 친구에게 편지를 써서 워싱턴으로 와달라고 부탁했다. 링컨은 몇 가지 문제들에 대해서 상의하고 싶다고 했다. 옛 친구는 백악관에 왔고, 링컨은 노예해방 선언문을 발표하는 문제의 타당성에 대해서 몇 시간 동안 그 친구에게 말했다. 링컨은 그러한 조치에 대한 찬성 또는 반대 주장들을 모두 검토했고, 노예를 해방시키지 않는다고 비난하거나 또는 노예들을 해방시키려고 한다고 비난하는 편지들과 신문 기사들을 읽었다. 링컨은 몇 시간 동안 이야기하고 나서 옛 친구와 악수를 하며 잘 가라고 인사한 뒤에, 그의 의견은 하나도 묻지 않은 채, 그를 일리노이 주로 돌려보냈다.

링컨이 한 일은 혼자 말한 것이었다. 그것을 통해서 그의 마음은 명확해진 것 같았다. "링컨 대통령은 그렇게 말을 하고 난 뒤에 편안하게 느끼는 것 같았지요." 하고 그의 옛 친구가 말했다. 링컨은 조언을 원했던 것이 아니다. 그저 자신의 말을 들어주는 호의적이고 마음이 통하는 사람을 원했던 것이다. 이것이 우리 모두가 문제에 빠졌을 때 원하는 모든 것이다. 이것이 종종 성난 고객들이 또는 불만족한 고용인이나 마음이 상한 친구가 원하는 것이다.

현대에 잘 들어주는 사람 중 하나가 지그문트 프로이트였다. 프로이트를 만났던 한 남자가 그의 듣는 태도를 다음과 같이 묘사했다. "저는 크게 충격을 받아서 결코 그를 잊지 못할 것 같습니다. 그에게는 다른 사람들에게서는 찾아볼 수 없는 자질이 있었습니다. 저는 그렇게 집중하는 사람은 일찍이 본 적이 없어요. 그것은 '영혼을 관통하는 응시' 였어요. 그의 눈빛은 온화하고 상냥했으며, 목소리는 낮고 친절했어요. 몸도 거의 움직이지 않았어요. 제가 말을 잘 못했음에도 불구하고 그가 제게 쏟는 관심과 제 말을 존중하는 태도는 놀라울 정도였어요. 그렇게 저의 이야기를 잘 들어주는 사람이 있다는 것이 어떤 느낌인지 당신은 상상도 할 수 없을 것입니다."

사람들이 당신을 피하고, 뒤에서 비웃고, 심지어는 경멸하게 만들기를 원한다면, 여기에 그 방법이 있다. 다른 사람의 말을 끝까지 듣지 마라. 계속 당신 자신에 대해서만 말하라. 다른 사람이 말하는 도중에 당신에게 아이디어가 떠오르면 그가 말을 맺기를 기다리지 말고, 바로 끼어들어가 말하라.

그러한 사람을 아는가? 불행히도 나는 안다. 그리고 놀랍게도 그들 중 몇몇은 유명한 사람이다. 그러한 사람들 모두는 다른 사람을 지루하게 만든다. 그들 자신의 자아에 도취되고 자신의 중요성에 취해서 남을 지루하게 만든다. 자기 자신에 대해서만 말하는 사람은 오직 자신만 생각한다. 그리고 "자기 자신만 생각하는 사람들은 어쩔 도리 없이 교양이 없다. 그들은 얼마나 배웠든 상관없이 교양을 쌓지 못한다."라고 오랫동안 컬럼비아 대학의 총장을 지낸 니콜라스 머레이 버틀러 박사가 말했다.

그러므로 좋은 대화 상대가 되기를 열망한다면 잘 듣는 사람이 되라. 관심을 받으려면 관심을 가져라. 다른 사람들이 대답하기 좋아할 질문들을 하라. 사람들이 그들 자신에 대해서, 그리고 그들이 이룬 일들에 대해서 말하도록 격려하라.

당신과 대화하는 사람들은 당신이나 당신의 문제에 대해서보다 그들 자신과 그들의 필요, 문제들에 백배나 더 관심이 있다는 사실을 기억하라. 어떤 사람의 치통은 백만 명을 죽음으로 몰고 가는 중국의 기아보다 그 사람에게 훨씬 더 의미가 있다. 어떤 사람의 목에 난 종기 하나는 아프리카에서 일어나는 40번의 지진보다 더 중요하다. 이제 대화를 할 때 사람들은 자기 자신에 대해 이야기하기를 좋아한다는 사실을 기억하라.

사람들이 당신을 좋아하게 만드는 방법 4

잘 들어주는 사람이 되라.
상대방이 그 자신에 대해 이야기하도록 격려하라.

5 사람들의 관심을 얻는 방법

시어도어 루스벨트의 손님이 되어본 적이 있는 사람은 누구나 그의 폭넓고 다양한 지식에 놀라게 된다. 루스벨트는 방문객이 목동이건 조마사(말을 길들이는 일을 하는 사람)건 뉴욕의 정치가이건 또는 외교관이건 상대에 맞춰 대화할 수 있었다. 어떻게 그것이 가능했을까? 대답은 간단했다. 루스벨트는 방문객을 받기 전날 밤에는 늦게까지 앉아서 그 방문객이 특별히 관심을 갖는 주제에 대한 글을 읽었다.

왜냐하면 독자들이 모두 아는 것처럼, 루스벨트도 사람들의 마음을 얻는 왕도는 그들이 가장 귀중히 여기는 것에 대해서 말하는 것임을 알았기 때문이다.

에세이스트이자 예일대 문과대학 교수인 상냥한 윌리엄 라이언 펠프스는 이 교훈을 일찍 배웠다.

그는 《인간의 본성》이라는 자신의 책에서 다음과 같이 썼다.

나는 여덟 살 때 주말이면 후사토닉의 스트래트포드에 사는 리비 린슬리 숙모 댁에 갔다. 어느 날 저녁에 한 중년 남자가 찾아와서 숙모와 짧게 언쟁을 벌였다. 언쟁이 끝난 뒤 그는 내게 관심을 쏟았다. 당시에 나는 보트에 흠뻑 빠져 있었는데, 그 신사는 그 주제에 대해서 나와 아주 신나게 이야기를 했다. 그가 떠난 뒤에 내가 그에 대해서 들떠서 말했다. "참 멋있는 아저씨예요! 보트에 대한 관심도 엄청나요." 숙모는 그가 뉴욕에서 변호사인데, 보트에 대해서는 아는 게 전혀 없고 또 관심도 없다고 알려주셨다. "그런데 왜 계속 보트에 대해서만 말했어요?"

"그분이 신사이기 때문이지. 네가 보트를 좋아한다는 것을 알고는 너한테 흥미가 있고 네 마음에 들 만한 것들을 이야기한 거란다. 네게 친절을 베푼 것이지."

"나는 숙모의 말씀의 결코 잊을 수 없었다."라고 윌리엄 라이언 펠프스는 덧붙였다.

이 장을 쓰고 있는 내 앞에는 보이스카우트에서 활동했던 에드워드 L. 찰리프가 보낸 편지가 놓여 있다. 찰리프 씨는 다음과 같이 쓰고 있다.

어느 날 저는 도움이 필요했습니다. 유럽에서 대규모

스카우트 대회가 열릴 예정이었는데, 미국의 대기업 사장이 한 소년의 참가비용을 후원해 주길 원했어요.

다행히 저는 그 사장을 만나러 가기 전에, 그가 백만 달러 수표를 사용할 일이 없어서 액자에 끼워놓았다는 이야기를 들었어요. 그래서 저는 그의 사무실에 들어가자마자 그 수표를 보여 달라고 했어요. 백만 달러짜리 수표라! 저는 백만 달러짜리 수표를 끊은 사람을 처음 보았고, 보이스카우트 소년들에게 내가 백만 달러짜리 수표를 실제로 보았다고 자랑하고 싶다고 말했어요. 그는 기뻐하면서 그것을 보여주었어요. 저는 감탄하면서 어떻게 이 수표를 끊었는지 말해 달라고 부탁했지요.

여러분도 찰리프 씨가 보이스카우트나 유럽에서 열리는 스카우트 대회, 또는 그가 원하는 것을 처음부터 말하지 않았다는 것을 알아차렸을 것이다. 그는 상대방이 관심을 가지고 있는 것에 대해서 이야기했다. 그 결과는 다음과 같다.

곧 저와 얘기를 나누던 사장은 이렇게 물었어요. "그런데 왜 저를 만나러 오셨지요?" 그래서 그제야 제 용건을 말했습니다.

놀랍게도 그는 저의 부탁을 즉시 들어주었을 뿐만이

아니라 더 많은 도움을 주었습니다.

저는 한 소년을 후원해 달라고 요청했는데 그는 소년 다섯 명과 저까지도 7주간 유럽에 머물다 오라면서 1천 달러를 끊어주었어요. 또한 유럽에 있는 지사장들에게 우리의 편의를 봐주라는 소개장을 써주었고, 그 자신이 직접 파리에 와서 우리에게 시내 구경을 시켜주었어요. 그때 이후로 그는 보이스카우트 소년들의 부모들 중에서 일자리가 필요한 몇 분들에게 직장을 마련해 주었고, 지금까지 보이스카우트에서 활동하고 있습니다.

하지만 만일 그때 그가 무엇에 관심이 있었는지 몰랐고, 대화를 그 주제로 시작하지 않았다면 제가 그에게 접근하는 게 그렇게 쉽지는 않았을 것입니다.

이것이 사업에 활용하면 좋은, 귀중한 기술이라고 생각하는가? 한 번 살펴보자. 뉴욕의 대형 제빵 기업인 뒤버노이 앤 선즈의 헨리 G. 뒤버노이의 경우를 보자.

뒤버노이 씨는 뉴욕에 있는 한 호텔에 빵을 판매하려고 애를 쓰고 있었다. 그는 4년 동안 매주 그 호텔의 매니저를 찾아갔다. 그리고 매니저가 참석하는 사회 행사에도 갔다. 심지어 거래를 성사시키기 위해서 그 호텔에 방을 얻어 살기도 했지만, 다 실패했다.

뒤버노이 씨가 설명했다.

인간관계에 대해서 배우고 난 뒤에 저는 전략을 바꾸기로 결심했어요. 그 매니저가 무엇에 관심이 있는지, 어떤 것에 열의를 갖고 있는지 알아보기로 했죠.

저는 그가 미국 호텔 환영인 협회라는 호텔 임원 모임에 소속되어 있다는 사실을 알아냈습니다. 그는 그 협회 회원인 동시에 협회 회장직을 맡고 있었으며, 국제 환영인 협회의 회장도 겸하고 있었죠. 협회 모임이 어디에서 열리건 그는 열정적으로 모임에 참석했어요.

그래서 저는 다음번에 그를 만났을 때 환영인 협회에 대해서 말을 꺼냈습니다. 그의 반응이 어땠는지 상상이 되나요? 그는 30분 이상을 생기가 넘치는 목소리로 환영인 협회에 대해서 열정적으로 말했어요. 그 협회는 그에게 취미 활동일 뿐만 아니라 삶의 활력소라는 것을 분명히 알 수 있었지요. 그는 제가 사무실을 떠나기 전에 저를 협회의 회원으로 가입시켰어요.

그동안 저는 빵에 대해서는 아무 말도 하지 않았어요. 그런데 며칠 뒤에 그 호텔의 식품 담당자가 제게 전화로 빵 샘플과 가격에 대해 요청하며, "당신이 사장님께 뭐라고 말씀하셨는지 모르겠지만, 확실한 것은 사장님이 당신에게 넘어가셨다는 겁니다."라며 반갑게 말했습니다.

생각해 보세요! 저는 4년 동안 그 호텔에 빵을 납품하기 위해서 그를 쫓아다녔어요. 그가 무엇에 관심이 있고 어떤 이야기를 즐기는지 알아내는 노력을 하지 않았다면 저는 지금까지도 그를 쫓아다니고 있을 겁니다.

상대방이 관심 있어 하는 주제를 이야기하는 것은 양측 모두에게 성공을 가져다준다. 고용인 정보 분야에서 선두를 달리는 하워드 Z. 허지그는 언제나 이 원칙을 따랐다. 그럼으로써 그가 얻은 보상에 대해서 묻자 허지그 씨는, 각기 다른 사람에게서 각각 다른 보상들을 얻었을 뿐만 아니라 사람들과 대화할 때마다 제 삶이 확장되는 보상도 얻었다고 대답했다.

사람들이 당신을 좋아하게 만드는 방법 5

상대방의 관심사에 대해서 말하라.

6 사람들이 즉시 당신을 좋아하게 만드는 방법

나는 뉴욕 33번가와 8번가 사이에 있는 우체국에서 등기를 보내려고 줄을 서서 기다리고 있었다. 나는 직원이 우편물의 무게를 달고 우표를 건네고 거스름돈을 주고 영수증을 발행하는, 해마다 똑같이 반복되는 단조로운 일을 지루해하는 것을 알아챘다. 그래서 나는 이런 생각을 해보았다. '저 직원이 나를 좋아하게 만들어야지. 확실히 나를 좋아하도록 기분 좋게 말하는데, 나에 대해서가 아니라 그에 대해서 말해야지.' 그리고 나 자신에게 물었다. '저 사람에 대해서 내가 솔직하게 칭찬할 수 있는 게 뭐가 있을까?' 이것은 때로는 대답하기가 매우 어렵다. 특별히 상대가 낯선 사람일 때는 말이다. 그러나 그때는 일이 아주 쉽게 풀렸다. 나는 그에게서 정말 감탄할 만한 부분을 즉시 찾아냈던 것이다.

그래서 그 직원이 내 우편물의 무게를 달 때 나는 진

심으로 말했다. "당신처럼 저도 머릿결이 멋지다면 좋겠네요." 내 말을 들은 그는 약간 놀란 듯했지만 얼굴에 미소를 띠며 나를 쳐다보았다. 그리고 "예전보다는 못해요."라며 겸손하게 말했다. 나는 원래의 빛을 조금 잃었을지라도 여전히 멋지다고 다시 말해 주었다. 그는 굉장히 기뻐했다. 그는 나와 몇 마디를 더 즐겁게 주고받은 뒤에 마지막으로 이렇게 말했다. "사람들이 제 머릿결을 칭찬하기는 하지요."

그날 그 직원은 날아갈 듯한 걸음으로 점심을 먹으러 갔을 것이라고 나는 장담한다. 저녁에는 집에 가서 아내에게 그 이야기를 했을 것이다. 그리고 거울을 보면서 자신에게 '정말 머리가 멋지긴 하지!' 라며 흐뭇해했을 것이다.

나는 이 이야기를 사람들 앞에서 한 적이 있는데 어떤 사람이 이렇게 물었다. "그렇게 말할 때 그 남자에게 무엇을 원했습니까?" 그 남자에게 무엇을 원했냐고!!! 그 남자에게 무엇을 원했냐고!!! 우리가 너무나 이기적이어서 다른 사람에게서 뭔가를 받으려는 의도 없이는 기쁨을 내비치거나 사소하지만 솔직한 칭찬을 건넬 수 없다면, 영혼이 시큼한 꽃사과보다도 크지 않다면, 실패를 맛보는 것은 지극히 당연하다.

아, 나는 그 남자에게 바란 것이 있었다. 매우 귀중한 것을 원했는데, 그것을 얻었다. 그것은 그가 나에게 아무것도 보상할 수 없어도 내가 그를 위해서 뭔가를 했다는 느낌이었다. 그 느낌은 한참이 지나도 내 기억 속에 남아서 나를 즐겁게 해줄 것이다.

인간 행동에서 극히 중요한 것이 하나 있다. 그 법칙을 지키면 우리는 거의 문제에 빠지는 일이 없을 것이다. 사실, 이 법칙을 지키면 수많은 친구들과 좋은 일들이 무수히 많이 올 것이다. 그러나 이 법칙을 깨는 순간 끝이 없는 문제들에 말려들 것이다. 그 법칙은 바로 이것이다. "항상 상대방을 자신이 중요한 존재라고 느끼게 하라." 이미 언급했듯이 존 듀이는 중요한 존재가 되고자 하는 욕망은 인간 본성에서 가장 깊은 충동이라고 말했고, 윌리엄 제임스는 "인간 본성에서 가장 깊은 원칙은 인정받고자 하는 열망이다."라고 말했다. 내가 앞에서 이미 지적했듯이 이 욕구가 인간을 동물과 구별짓는다. 이 욕구로 인해 문명이 발달했다.

철학자들은 수천 년간 인간관계의 규칙들에 대해서 숙고했고, 그 숙고를 통해서 단 하나의 중요한 법칙을 도출해냈다. 그것은 새로운 것이 아니었다. 아주 오래되었다. 조로아스터가 3천 년 전 페르시아 지역에서 자신의 추종자들에게 가르쳤다. 공자는 2천5백 년 전에 중국에서 설파했다. 도교의 창시자 노자는 한나라에서 제자들에게 가르쳤다. 붓다는 기원전 5백 년에 갠지스 강변에서 가르쳤다. 힌두교 경전도 그보다 1천 년 전에 가르쳤다. 예수는 20세기 전에 유대의 산에서 가르쳤고 하나의 사상으로 요약했는데, 아마도 그것이 세상에서 가장 중요한 규칙일 것이다. 곧 "남에게 대접을 받고자 하는 대로 너희도 남을 대접하라."

당신은 당신이 접하는 사람들에게 인정받기를 원한다. 주변 사람들이 당신의 진정한 가치를 알아봐 주기를 바란다. 당신이 사는 세계에서 중요한 존재라는 느낌을 갖길 원한다. 값싸고 진실하지 못한 아첨은 듣고 싶지 않지만, 진실한 칭찬은 열망한다. 당신은 친구들과 주변 사람들이 찰스 슈왑이 말한 것처럼 '진심으로 인정하고 아낌없이 칭찬해 주기'를 원한다. 우리 모두가 그것을 원한다.

그러므로 황금률을 지켜서 우리가 받고 싶은 대로 다른 사람에게 대접하자. 어떻게? 언제? 어디에서 말인가? 대답은, 항상 어디서나이다.

위스콘신 주 오클레어에 사는 데이비드 G. 스미스는 나의 강의 시간에, 자선 콘서트에서 자신이 스낵 코너를 맡았을 때 민감한 상황에 어떻게 대처했는지를 발표했다.

저는 콘서트가 있는 날 저녁에 공원에 도착했는데, 스낵 코너 옆에 기분이 아주 나빠 보이는 노부인 둘이 서 있는 것을 발견했어요. 그 사연을 들어보니, 두 부인은 각자가 이 코너를 맡았다고 생각했어요. 제가 무엇을 할지 고민하고 서 있자, 주최 측 위원 중 한 명이 와서 금고를 건네며 일을 도와주어서 고맙다고 했어요. 그녀는 로즈와 제인을 저의 조수라고 소개하고는 가버렸어요.

정적이 뒤따랐지요. 저는 금고가 일종의 권위를 상징한다는 것을 깨닫고 금고를 로즈 부인에게 건네면서 제가 돈을 관리하는 것보다 그녀가 관리해 주면 훨씬 좋을 거라고 설명했어요. 그리고 제인 부인에게는, 스낵 코너에 배정된 십대 두 명에게 음료 기계를 다루는 방법을 가르쳐주면 어떻겠냐고 제안하면서, 그 영역을 맡아달라고 부탁했어요.

그날 밤은 기쁘게 돈을 세는 로즈 부인과, 십대 둘을 지도하는 제인 부인, 그리고 콘서트를 즐기는 저, 이렇게 모두가 아주 즐거웠습니다.

이렇게 다른 사람을 인정하는 원칙을 활용하기 위해

서 주 프랑스 대사나 지역의 특정 위원회 임원이 되기까지 기다릴 필요는 없다. 누구나 날마다 이 원칙을 활용하여 기적을 일으킬 수 있다.

예를 하나 들어보겠다. 홀 케인의 많은 작품 중에 소설 《크리스천》, 《재판관》, 《섬사람》은 모두 20세기 초반에 베스트셀러였다. 수많은 사람들이 그의 소설을 읽었다. 그는 대장장이의 아들이었고, 평생 8년 이상 학교를 다녀본 적이 없지만 죽을 때에는 당대에 가장 부유한 문학가였다.

그의 이야기는 다음과 같다. 홀 케인은 시와 발라드를 좋아해서 단테 가브리엘 로제티의 시를 모두 탐독했다. 심지어 그의 예술적 업적을 찬양하는 글을 써서 그에게 보내기도 했다. 로제티는 몹시 기뻐했다. 그는 아마 다음과 같이 생각했을 것이다. '내 능력에 대해서 이처럼 고상한 의견을 갖고 있다면 뛰어난 청년임에 틀림없을 거야.' 그래서 로제티는 이 대장장이의 아들을 런던으로 초청해서 자신의 비서로 삼았다. 이것이 홀 케인의 삶에서 전환점이 되었는데, 그는 새로운 위치에서 당대의 문학가들을 만날 수 있었기 때문이다. 그는 문학가들의 조언을 듣고 격려에 힘입어서 자기 이름을 하늘 아래 선명히 새길 수 있는 세계로 첫발을 내디뎠다.

그의 고향인 맨 섬의 그리바 캐슬은 세계 곳곳에서 관광객들이 찾아오게 되었고, 그는 수백만 달러의 재산을 남겼다. 그러나 그가 한 유명 인사를 찬양하는 수필을 쓰지 않았다면 가난하게 살다가 이름도 없이 죽었을지 누가 알겠는가.

진실한 마음에서 우러나오는 칭찬의 엄청난 힘이 이와 같다. 로제티는 자신을 중요하게 생각했다. 그것은 이상한 게 아니다. 거의 대부분의 사람들이 자신을 아주 중요하게 생각한다.

많은 사람들의 인생은 다른 누군가가 그들을 단지 중요한 존재로 느끼게만 해주어도 달라질 수 있다. 캘리포니아에서 우리의 강좌를 맡고 있는 로널드 J. 롤랜드는 미술 공예도 가르쳤다. 그가 가르치는 공예 입문반의 크리스라는 학생에 대해서 내게 편지를 써서 보냈다.

> 크리스는 자신감이 부족한 아주 조용하고 수줍음이 많은 소년인데, 합당한 관심을 받지 못하고 있었습니다. 저는 또한 고급반도 가르쳤는데, 그곳은 실력을 인정받아서 올라온 학생들을 위한 반이었습니다.
>
> 크리스는 수요일마다 자기 책상에서 열심히 작업을 했습니다. 저는 그의 깊은 곳에 열정이 숨어 있는 것을

느꼈어요. 그래서 크리스에게 고급반에 들어가고 싶은지 물었어요. 크리스의 얼굴에 나타난 표정을, 눈물을 삼키려고 애를 쓰는 수줍음 많은 열네 살 소년의 감정을 제가 어떻게 표현할 수 있을까요.

"롤랜드 선생님, 제가요? 제가 들어갈 수 있나요?"

"그래, 크리스. 넌 충분히 자격이 있단다."

저는 눈물이 나오는 바람에 자리를 떠야만 했습니다. 그날 교실을 걸어 나가는 크리스는 키가 5센티미터는 더 자란 듯했어요. 그는 밝은 푸른빛 눈으로 저를 보고는 자신 있는 목소리로 말했어요.

"롤랜드 선생님, 감사합니다."

롤랜드는 제게 결코 잊지 못할 교훈을 하나 가르쳐주었습니다. 곧, 우리에게는 모두 중요한 존재임을 느끼고픈 깊은 갈망이 있다는 사실입니다. 저는 이 사실을 잊지 않으려고 '너는 중요해!' 라고 쓴 팻말을 하나 만들었어요. 그 팻말을 교실 앞에 걸어놓고 모두가 읽도록 했고, 저는 제가 만나는 학생들 모두가 똑같이 중요한 존재임을 기억했습니다.

당신이 만나는 거의 모든 사람이 어떤 면에서는 스스로를 당신보다 더 낫다고 생각한다는 게 사실 그대로의 진리이다. 그리고 당신이 그들의 중요성을 인정한다는 것을 은근하게 내비치는 확실한 방법은, 그들의 중요성을 진심으로 인정하는 것이다.

에머슨이 다음과 같이 말한 것을 기억하라. "내가 만나는 모든 사람은 어떤 면에서 나보다 낫다. 그 점에서 나는 그들에게 배운다."

그런데 한심한 일은 종종 내세울 만한 것이 거의 없는 사람들이 자기를 드러내기 위해 소란을 피우고 자만한다는 것이다. 그것은 정말 경멸스럽다. 셰익스피어가 다음과 같이 쓴 것과 같다. '……교만한 인간이여, / 잠시 동안 작은 권위를 입고, / ……높은 하늘 아래서 허황된 속임수를 부리며 / 천사들을 울게 하는구나.'

내 강의를 듣는 사업가들이 이 원칙들을 적용하여 얼마나 놀라운 결과들을 얻었는지, 코네티컷 주에 사는 한 변호사의 예를 들겠다.(그의 친척들을 위해서 그의 이름은 언급하지 않겠다.)

R 씨는 내 강의를 듣게 된 지 얼마 되지 않아서 아내와 함께 친척을 뵈려고 롱아일랜드에 차를 운전해 갔다. 그의 아내는 그를 고령의 숙모와 담소를 나누라고 하고, 자신은 다른 친척을 만나러 갔다. 그는 얼마 뒤에 칭찬의 원칙을 삶에서 어떻게 적용했는지 발표해야 했기 때

문에 숙모와 의미 있는 대화를 나눠야겠다고 생각하고 숙모 집을 둘러보았다.

"이 집은 1890년에 지었지요?" 하고 그가 묻자 "그렇구나. 바로 그 해에 지었지."

"제가 태어난 집이 생각나네요. 집이 참 아름다워요. 널찍하게 잘 지어졌어요. 그런데 요즘은 집을 이렇게 짓지 않아요."

"그렇구나. 요즘 젊은 사람들은 멋진 집은 상관하지 않지. 그저 좁은 아파트만 원하고, 차를 타고는 쏘다니기만 하지." 하며 숙모가 맞장구를 쳤다.

그리고 숙모는 사랑을 추억하며 떨리는 목소리로 말했다. "이 집은 꿈의 집, 사랑으로 지은 집이란다. 남편과 나는 이 집을 짓기 수년 전부터 꿈을 꾸어왔지. 우리는 건축가도 없이 직접 설계했단다."

숙모는 R 씨에게 집을 구경시켜주었다. 그는 숙모가 여행을 다니며 모았고, 평생을 아껴온 아름다운 보물들-페이즐리 천으로 된 숄, 영국 전통 찻잔 세트, 중국 청색 도자기, 프랑스 침대와 의자, 이탈리아 그림들, 한때 프랑스 성에 걸었던 휘장들-에 진심으로 감탄했다.

숙모는 R 씨에게 집안을 두루 구경시켜준 다음에 그를 차고로 데리고 갔다. 그곳에는 새것이나 다름없는 패커드 차가 한 대 있었다.

숙모가 부드러운 목소리로 말했다. "남편이 죽기 얼마 전에 내게 사줬지. 그가 죽고 나서는 한 번도 타지 않았어. ……자네는 멋진 것들의 진가를 인정할 줄 아니, 이 차를 자네에게 주겠네."

"숙모님, 너무나 감격스러워요. 물론 저는 숙모님의 너그러우심에 감사합니다만, 차를 받을 수는 없어요. 저는 숙모님의 친족도 아니잖아요. 그리고 제게는 새 차가 있고, 숙모님의 패커드 차를 받고 싶어 하는 친척들이 많이 있잖아요."

"친척들이라고! 그래 차를 얻으려고 그저 내가 죽기만을 바라는 친척들이 있지. 하지만 그들은 이 차를 얻지 못할 거야." 하고 그녀는 큰 소리로 말했다.

"숙모님이 차를 그들에게 주고 싶지 않으면, 중고차 판매인에게 파시면 돼요." 그가 숙모에게 말했다.

그러자 그녀가 소리쳤다. "차를 판다고! 자네는 내가 차를 팔 거라고 생각하나? 남편이 나를 위해 사준 이 차를 낯선 사람이 타고 다니는 것을 내가 볼 수 있을 거 같아? 차를 팔 생각은 꿈에도 없어. 자네에게 주겠네. 자네는 아름다운 것들의 가치를 인정할 줄 아니까 말이야."

그는 거절하려고 했지만, 숙모의 마음을 상하게 하면서까지 거절할 수는 없었다.

페이즐리 숄과 프랑스 골동품 등 기념품들과 큰 집에 혼자 남은 그 부인은 작은 인정을 몹시 갈망하고 있었던 것이다. 그녀도 한때는 젊고 아름다우며 인기가 많았다. 사랑으로 가득한 집을 지었고, 집안을 장식하기 위해서 유럽 전역에서부터 물건들을 수집해 왔다. 지금은 홀로 외로운 노년을 보내면서 인간의 작은 온정, 진심어린 칭찬을 갈망하고 있지만 아무도 주지 않았다. 그러다가 그녀는 사막에서 솟아나는 샘과 같은 진심에서 우러나오는 칭찬을 듣고는, 자신이 애지중지 아끼던 패커드 차를 선물로 주는 것 말고는 달리 마음을 표현할 수 없었던 것이다.

유명한 코닥사의 설립자인 조지 이스트먼은 영화 촬영을 가능하게 만들어준 투명 필름을 발명해서 수억 달러를 모았고, 세계에서 가장 유명한 사업가가 되었다. 하지만 이러한 굉장한 성공에도 불구하고 그 역시도 당신과 나처럼 작은 인정을 갈망했다.

설명해 보겠다. 이스트먼이 로체스터에 음악학교와 킬번 홀을 지을 때, 뉴욕에 있던 슈피리어 의자 회사의 사장 제임스 애덤슨은 그 연주회장에 의자를 납품하기를 원했다. 애덤슨은 건축가에게 전화해서 로체스터에 있는 이스트먼과 만날 약속을 정했다.

애덤슨이 도착하자 건축가가 말했다. "당신이 거래를 원한다는 것을 알지만, 조지 이스트먼 씨와의 면담 시간이 5분을 넘으면 거래가 성사될 가능성은 거의 없습니다. 그분은 엄격하게 규칙을 지키는 사람입니다. 그러니까 용건만 빨리 말하고 나오세요." 애덤슨은 그의 충고대로 하려고 준비했다.

애덤슨이 이스트먼의 사무실로 들어갔을 때, 그는 책상 위에 쌓인 서류들을 열심히 보고 있었다. 곧 그가 고개를 들어 안경을 벗고는 건축가와 애덤슨에게로 다가왔다. "안녕하세요, 무슨 일입니까, 신사분들?"

건축가가 두 사람을 서로에게 소개시켰고, 애덤슨이 말했다. "회장님을 기다리는 동안 회사를 둘러보았는데 감탄하지 않을 수 없었습니다. 저도 이런 회사에서 일해 봤으면 좋겠습니다. 저는 실내장식 목재 사업을 하고 있는데, 평생 이처럼 아름다운 회사는 처음 봅니다."

조지 이스트먼이 대답했다. "거의 잊고 있던 것을 생각나게 하십니다. 아주 아름답지요. 저도 이 건물을 처음 지었을 때는 굉장히 좋아했습니다. 그러나 지금은 머릿속이 많은 일들로 가득 차 있어서 때로는 몇 주 동안이나 사무실이 눈에 들어오지 않습니다."

애덤슨은 벽 쪽으로 걸어가서 목재를 손으로 문질러

보며 말했다. "이것은 영국산 참나무인가요? 이탈리아 산과는 질감이 조금 다르네요."

"맞습니다. 영국에서 수입해 왔지요. 고급 목재만 다루는 친구가 저를 위해서 골라주었답니다." 하고 이스트먼이 대답했다.

그리고 그는 사무실 안을 보여주면서 비율, 색감, 수공예 조각 등 그가 직접 계획하고 실행한 갖가지 효과들을 설명했다.

그들은 방 안을 이동하며 목공품들을 감탄하며 살펴보다가 창문 앞에서 잠시 멈춰 섰고, 조지 이스트먼이 온화하고 겸손한 태도로, 인류에 기여하기 위해 자신이 생각하고 있는 몇 가지 단체들에 대해서 말했다. 예를 들면 로체스터 대학, 종합병원, 동종요법병원, 양로원, 아동병원 등이었다. 애덤슨은 고통을 겪는 사람들을 돕는데 재산을 사용하려는 이스트먼의 생각을 진심으로 기뻐하고 존중했다. 이내 조지 이스트먼은 유리 상자를 열어 자신이 처음으로 갖게 된 카메라를 꺼냈다. 영국인에게서 산 발명품이었다.

애덤슨은 그에게 처음 사업을 시작할 때의 어려움에 대해서 자세히 물었고, 이스트먼은 어린 시절에 겪은 가난에 대해서 실제 그때의 감정을 떠올리며 이야기했다. 자신이 보험회사에서 일하는 동안 홀로 된 어머니가 하숙집을 하며 어떻게 집안을 꾸리셨는지 말했다. 가난의 공포가 낮이고 밤이고 그를 괴롭혀서, 결국 그는 돈을 많이 벌어 어머니를 쉬게 해드리기로 결심했던 것이다. 이스트먼이 사진 건판 실험에 관한 이야기를 할 때, 애덤슨은 계속 질문했고 귀 기울여 들었으며 완전히 이야기에 빠져들었다. 이스트먼은 자신이 사무실에서 하루 종일 어떻게 일했는지, 때로는 밤새도록 실험했고, 화학 실험을 할 때는 아주 잠깐만 눈을 붙였으며, 또 어떤 때는 72시간 동안 연달아서 같은 옷차림으로 일하고 잠을 잤던 이야기도 했다.

제임스 애덤슨이 이스트먼의 사무실에 들어가면서 5분 이상 시간을 빼앗지 말라는 충고를 들었는데, 어느새 1시간이 지나고 2시간이 지나갔다. 그런데도 그들은 여전히 이야기를 나누고 있었다.

마침내, 조지 이스트먼이 애덤슨을 보고 말했다. "지난번에 일본에 갔을 때 산 의자들을 집 베란다에 놓았어요. 그런데 햇빛에 칠이 벗겨져서 제가 시내에 가서 페인트를 사다가 직접 칠했어요. 어떻게 칠을 했나 좀 보시겠소? 좋소. 저와 집에 가서 점심을 드십시다. 점심을 먹고 나서 보여드리지요."

점심 식사를 한 후, 이스트먼은 애덤슨에게 의자들을 보여주었다. 그것들은 몇 달러도 되지 않았지만 수백만 장자인 조지 이스트먼은 자신이 직접 칠했다는 것 때문에 아주 자랑스러워했다.

의자 납품 거래 계약 금액은 9만 불에 달했다. 그 계약을 누가 땄겠는가? 제임스 애덤슨이겠는가 아니면 다른 경쟁 업체였겠는가?

그때부터 이스트먼이 죽을 때까지 그와 제임스 애덤슨은 친한 친구 사이가 되었다.

"사람들에게 그들 자신에 대해서 말하라. 그러면 몇 시간이고 들을 것이다."라고 대영제국을 통치했던 통찰력 있는 디즈레일리가 말했다.

사람들이 당신을 좋아하게 만드는 방법 6

상대방이 스스로를 중요한 존재라고 느끼게 만들어라. 그리고 진심으로 인정하라.

사람들이 당신을 좋아하게 만드는 방법

원칙1. 다른 사람들에게 진심으로 관심을 가져라.

원칙2. 미소 지어라.

원칙3. 사람에게 자기 이름은 가장 달콤하고 중요한 말임을 기억하라.

원칙4. 잘 들어주는 사람이 되라.
상대방이 그 자신에 대해 이야기하도록 격려하라.

원칙5. 상대방의 관심사에 대해서 말하라.

원칙6. 상대방이 스스로를 중요한 존재라고 느끼게 만들어라. 그리고 진심으로 인정하라.

제3장

상대방을 설득하는 방법

1 논쟁으로는 이길 수 없다

제1차 세계대전이 끝나고 얼마 지나지 않은 어느 날 밤에 나는 런던에서 귀중한 교훈을 하나 배웠다. 그때 나는 로스 스미스 경의 매니저였다. 전쟁 중에 로스 경은 팔레스타인에서 이름을 날리던 호주 출신 전투기 조종사(탑건)였고, 종전 직후에는 30일 만에 지구 반 바퀴를 날아 세상을 깜짝 놀라게 했다. 그러한 기록은 당시로선 한 번도 시도된 적이 없는 놀라운 성과였다. 그는 엄청난 돌풍을 일으켰다. 호주 정부는 그에게 5만 달러를 상금으로 주었고, 영국 왕실은 기사 작위를 수여했다. 한동안 그는 영국에서 가장 많이 회자되는 사람이 되었다.

나는 어느 날 밤에, 로스 경을 위해 열린 연회에 참석했다. 저녁 식사를 하는 동안 한 남자가 내 옆에 앉아서 "우리가 일을 도모한다 하더라도 그 일을 결정짓는 것은 신이다."라는 말을 인용하면서 재미있는 이야기를 했다.

남자는 자신이 인용한 말의 출처가 성경이라고 했지만 그가 잘못 알고 있었다. 나는 그것에 대해서 정확히 알고 있었다. 조금도 의심할 수 없었다. 그래서 나는 나의 존재감을 얻고 우위를 과시하고 싶어서 아무도 청하지 않고 환영하지도 않았는데, 나 스스로 나서서 그의 잘못을 지적했다. 그는 자기가 옳다고 고집했다. "뭐라고요? 셰익스피어가 말했다고요? 아니야, 그럴 리 없어요! 그 말은 성경에서 나왔어요."

그 이야기꾼은 내 오른편에 앉았고, 나의 친한 친구인 프랭크 가몬드는 내 왼편에 앉아 있었다. 가몬드는 수년 동안 셰익스피어를 연구했었다. 그래서 이야기꾼과 나는 가몬드에게 문제를 넘기자고 합의했다. 우리 이야기를 듣고 있던 가몬드는 테이블 밑으로 내 발을 툭 차더니 말했다. "데일, 자네가 틀렸어. 저분이 맞아. 성경에 나온 게 맞아."

그날 밤 집으로 돌아가는 길에 내가 가몬드에게 말했다. "프랭크, 자네는 그 말이 셰익스피어가 작품에서 한 말이라는 것을 알고 있었지?"

그가 말했다. "물론이지. 《햄릿》 5막 2장에 나오는 말이지. 그렇지만 우리는 즐거운 연회에 손님으로 가지 않았나 친구. 왜 그 남자가 틀렸음을 증명하려고 했어? 그를 자네처럼 만들려고? 그의 체면을 살려주는 게 어때서? 그가 자네 의견을 묻지도 않았잖아. 그는 자네 의견을 알고 싶어 하지도 않았어. 그런데 왜 그와 논쟁하려고 했지? 날카로운 대립은 언제나 피하는 게 좋다고."

친구는 결코 잊지 못할 교훈을 내게 가르쳐주었다. 나는 그를 불편하게 만들었을 뿐만 아니라 내 친구를 곤란한 상황으로 몰고 갔었다. 내가 따지기 좋아하는 사람이 아니었더라면 얼마나 좋았을까.

그것은 내가 고질적인 논쟁가였기 때문에 내게는 몹시 필요한 교훈이었다. 나는 어릴 때 하늘 아래 모든 것에 대해서 형과 논쟁했다. 대학에 가서는 논리와 논증을 공부했고, 토론대회에도 참가했다. 나는 미주리 주에서 태어났으므로 그곳 출신답게 토론을 했다. 나는 눈에 띄어야만 했다.

그 후 나는 뉴욕에서 토론과 논증을 가르쳤다. 그리고 한때는, 부끄러운 이야기이지만 그 주제로 책을 한 권 쓸 계획도 세웠다. 그때 이후로 나는 열심히 듣고, 논쟁에 참여하고, 수많은 논거들의 효과를 지켜보았다. 그 모든 것의 결과로 나는 하늘 아래서 최고의 논쟁자가 되는 유일한 길은 논쟁을 피하는 것이라는 결론을 얻었다. 방울뱀이나 지진을 피하는 것과 같이 논쟁을 피하라.

논쟁 열 건 중에서 아홉은 논쟁자들 각자가 논쟁을 시작하기 이전보다 더 자신이 절대적으로 옳다는 확신을 갖고 끝이 난다.

논쟁으로는 이길 수 없다. 당신이 논쟁에서 졌다면 졌기 때문이고, 이겼다고 해도 지는 것이다. 왜 그럴까? 당신이 다른 사람과의 논쟁에서 이겼다고 가정해 보자. 그의 논거가 허점으로 가득 차고 바르지 않음을 증명했다고 가정해 보자. 그래서 어쨌다는 것인가? 당신은 기분이 좋을 것이다. 그러나 상대는 기분이 어떻겠는가? 당신은 그에게 열등감을 느끼게 했고, 그의 자존심을 상하게 했다. 그는 당신에게 진 것을 분하게 여길 것이다. 그리고 자기 뜻에 반해서 설득당한 사람은, 여전히 전과 같은 생각을 고수한다.

몇 년 전에 패트릭 J. 오헤어 씨가 나의 강의를 들으러 왔다. 그는 교육을 아주 조금밖에 받지 못했는데, 논쟁을 얼마나 좋아했던지! 그는 한때 운전기사였고, 당시는 트럭을 팔다가 잘 되지 않아서 나를 찾아왔다. 그는 자신이 트럭을 판매하려고 하는 사람들과 여전히 논쟁하기를 즐기고 그들에게 적대감을 불러일으킨다는 사실을 몇 가지 질문을 통해 알 수 있었다.

그는 고객이 트럭에 대해 조금이라도 비판적인 말을 하면 몹시 화를 내며 상대의 멱살을 잡았다. 그러고는 논쟁에서 이기곤 했다. 나중에 그가 내게 말했다. "확실히 저는 상대를 논쟁으로 이겼지만, 그에게 아무것도 팔지 못했어요."

내가 해야 할 첫 과제는 패트릭 J. 오헤어 씨에게 말하는 법을 가르치는 게 아니었다. 시급한 임무는 그에게 말을 삼가고, 언쟁을 피하도록 훈련시키는 것이었다.

오헤어 씨는 뉴욕에 있는 화이트 모터 회사에서 우수 판매사원이 되었다. 어떻게 그렇게 될 수 있었을까? 그가 직접 이야기했다.

제가 고객의 사무실에 들어가면 고객은 다음과 같이 말합니다. "뭐, 화이트 트럭이라고요? 거기 것은 별로예요! 거저주어도 안 가져요. 저는 후즈잇 트럭을 살 겁니다." 그러면 저는 "후즈잇 트럭, 좋지요. 그것을 사신다면 결코 후회하지 않으실 겁니다. 아주 좋은 회사가 만들었고 파는 사람들도 좋으니까요." 하고 대꾸합니다.

그러면 상대는 아무 말도 못 합니다. 논쟁할 여지가 없으니까요. 누군가가 후즈잇 차가 좋다고 하는데 저도 그렇다고 동의하면, 그는 더 이상 할 말이 없게 되는 것이죠. 제가 계속 동의하면 그도 오후 내내 그 차가 좋다고 말할 수는 없거든요. 그러면 우리는 후즈잇 차에 대해서는 그만 이야기하게 됩니다. 그 다음부터 저는 화이트 트럭의 장점들에 대해서 말하기 시작합니다.

전에는 고객의 첫 반응이 그러면, 저는 얼굴이 붉으락푸르락해지며 화를 냈죠. 저는 후즈잇 트럭의 안 좋은 점들에 대해서 늘어놓기 시작했어요. 제가 말을 하면 할수록 고객은 후즈잇 트럭의 좋은 점들을 나열합니다. 제가 논쟁을 하면 할수록, 고객은 경쟁사의 트럭을 더 사게 되었죠.

지금 그때를 돌이켜보면, 제가 뭔가를 조금이라도 팔 수 있었다는 게 의아할 정도랍니다. 저는 논쟁하다가 그만 몇 년의 삶을 놓쳐버렸어요. 지금은 입을 다물고 있어요. 그러면 득이 됩니다.

현명한 벤저민 프랭클린이 이렇게 말한 것과 같다.

"당신이 논쟁하고 비판하고 반박한다면, 때로는 승리할 수 있다. 그러나 상대의 호의는 결코 얻지 못할 것이기 때문에 그것은 허울뿐인 빈 승리가 될 것이다."

그러므로 당신 자신을 위해서 알라. 어떤 것을 갖겠는가, 학문적이고 극적인 승리인지 또는 상대방의 호의인지. 왜냐하면 두 가지를 모두 가질 수는 없다.

<보스톤 트랜스크립트> 지에 다음과 같은 짧지만 의미심장한 구절이 실린 적이 있다.

> 여기 윌리엄 제이가 잠들다.
> 죽을 때까지 자기가 옳다고 주장하다 죽었다.
> 평생 그는 옳았다. 완벽히 옳았다.
> 그러나 지금은 죽었다, 마치 옳지 않은 것처럼.

당신이 맞을 수 있다. 평생 당신이 맞을 수 있다. 그러나 다른 사람의 마음을 바꾸는 것이 문제라면, 당신이 옳은 것도 틀린 것과 마찬가지로 소용이 없다.

붓다는 "증오는 결코 증오로 해결되지 않고 사랑으로만 해결할 수 있다."고 말했다. 그리고 오해 또한 논쟁으로는 결코 풀리지 않고 재치와 외교적 수완, 화해, 상대방의 시각에서 보고자 하는 호의적인 갈망으로 풀리게 된다.

링컨은 동료와 격렬한 논쟁을 한 젊은 장교를 질책한 적이 있었다. "최선을 다하려는 사람은 개인적인 주장을 하는데 조금도 시간을 허비할 수 없네. 더구나 논쟁을 하고 나면 성격이 거칠어지거나 자제력을 잃는 결과가 발생할 텐데 그건 더욱 큰 문제가 아닌가. 자네가 상대보다 옳다고 생각되더라도 가능하면 양보하게. 개와 정면으로 싸우다가 물리는 것보다 개에게 길을 비켜주는 게 더 낫지 않겠나. 물린 다음에는 개를 죽인다 해도 상처가 남을 테니 말일세."

결혼한 지 거의 50년이 되는 오페라 테너 가수 얀 피어스가 말했다. "제 아내와 저는 오래 전에 합의를 했고, 서로에게 아무리 화가 났을지라도 그것을 지켰습니다. 한 사람이 고함을 치면 다른 사람은 들어주는 것이었죠. 두 사람이 다 소리를 지르면 소음과 진동만 있지 대화는 없기 때문이지요."

상대방을 설득하는 방법 1

논쟁에서 이기는 유일한 방법은 논쟁을 피하는 것이다.

2 적을 만드는 확실한 방법과 적을 만들지 않는 방법

시어도어 루스벨트는 대통령이었을 때, 자기 생각의 75퍼센트가 옳다고 판단되면 자기가 기대한 최고 수준에 도달한 것이라고 고백했다. 20세기에 가장 위대한 인물로 손꼽히는 사람이 기대하는 최고치가 75퍼센트였다면 당신과 나의 경우는 어떻겠는가?

55퍼센트만이라도 자신이 옳다고 확신한다면 우리는 하루에 백만 달러는 벌 수 있을 것이다. 당신이 55퍼센트도 옳다고 확신할 수 없다면, 왜 다른 사람들에게 그들이 틀렸다고 지적하는가?

당신은 말로 하는 것과 똑같이 눈짓이나 억양 또는 몸짓으로도 충분히 다른 사람들이 틀렸다고 말할 수 있다. 당신은 그들이 틀렸다고 말하면서 그들을 당신 생각에 동의하도록 만들 것인가? 결코 그럴 수 없다. 왜냐하면 당신은 그들의 지성과 판단력, 자긍심, 자존심에 직접적으로 타격을 가했기 때문이다. 그들은 자신이 받은 타격을 되갚길 원할 것이다. 그러면 당신은 그들에게 플라톤이나 임마누엘 칸트의 논리로 대응할 테지만 그들의 의견을 바꾸게 하지는 못할 것이다. 왜냐하면 그들의 감정을 상하게 했기 때문이다.

"제가 증명해 보겠습니다."로 시작하지 마라. 그렇게 시작하는 것은 좋지 않다. "제가 당신보다 더 똑똑합니다. 제가 한두 가지를 말해서 당신의 마음을 바꾸게 할 것입니다." 이렇게 말하는 것과 같다.

그것은 도전이다. 반감을 불러일으키고 당신이 생각을 말하기도 전에 상대방이 당신과 다투고 싶게 만든다.

그렇게 하면 아무리 우호적이라 해도 상대방의 마음을 바꾸기가 어렵다. 그러므로 왜 상황을 더 어렵게 만드는가? 왜 스스로를 불리하게 만드는가?

무언가를 증명하고자 한다면 누구도 그것을 알지 못하게 하라. 아무도 당신이 증명하고 있다는 것을 느끼지 못하게 은근하고 능숙하게 하라. 알렉산더 포프는 그 방법을 간단하게 설명했다. "가르치는 것 같지 않게 가르쳐라. 그리고 사람들이 모르는 것을, 마치 그들이 잊고 있었던 것처럼 알려줘라."

갈릴레오도 3백여 년 전에 말했다. "우리는 다른 사람에게 아무것도 가르칠 수 없다. 단지 그 안에 있는 것을 발견하도록 도울 수 있을 뿐이다."

체스터필드 경은 아들에게 말했다. "할 수 있다면 다른 사람들보다 현명해져라. 그러나 그것을 그들에게 말하지는 마라."

소크라테스는 아테네에서 자신의 추종자들에게 거듭 말했다. "내가 아는 단 한 가지는, 내가 아무것도 모른다는 것이다."

나는 누구보다도 소크라테스가 똑똑했다고 생각한다. 그러므로 나는 다른 사람들이 틀렸다고 말하는 것을 그만두겠다. 그것이 도움이 된다는 것을 알기 때문이다.

만약에 어떤 사람이, 당신이 생각하기에 틀린 말을 했다면 다음과 같이 말하는 것이 낫지 않을까? "저는 다르게 생각하지만 제가 틀릴지도 모르겠네요. 저는 자주 틀리니까요. 제가 틀렸다면 저는 바르게 고치기를 원합니다. 문제를 함께 살펴봅시다."

'제가 틀릴지도 모릅니다. 저는 자주 틀리니까요. 문제를 함께 살펴봅시다.' 이와 같은 문장에는 마력이 있다.

세상의 누구도 당신이 '제가 틀릴지도 모릅니다. 함께 문제를 살펴봅시다.' 라고 말하는 것에 반감을 갖지는 않을 것이다.

당신이 틀렸을 수도 있다고 인정한다고 해서 문제에

빠지는 일은 결코 없을 것이다. 오히려 그렇게 하면 모든 논쟁이 끝나고, 상대방도 당신처럼 공정해지고 마음을 활짝 열게 될 것이다. 그 역시도 자신이 틀릴 수 있다는 사실을 인정하게 될 것이다.

저명한 심리학자인 칼 로저스는 《진정한 사람 되기》에서 다음과 같이 썼다.

> 나는 다른 사람을 이해하도록 나 자신을 허용할 때 얻는 엄청난 가치를 발견했다. 이렇게 말하는 것이 이상해 보일 수도 있다. 다른 사람을 이해하도록 자신을 허용하는 일이 필요할까? 나는 필요하다고 생각한다. (다른 사람에게서) 듣는 말들 대부분에 대한 우리의 첫 반응은 이해하려는 대신에 평가 또는 판단하는 것이다. 누가 어떤 감정이나 태도 또는 신념을 표현하면 우리는 거의 즉시 '옳다.' 아니면 '어리석다.' '정상적이지 않다.' '불합리하다.' '부정확하다.' '적절하지 않다.' 라고 생각하는 경향이 있다. 그 말의 의미가 정확히 무엇인지 이해하려고 하는 경우는 매우 드물다.

나는 집의 커튼을 바꾸려고 실내 장식가를 고용한 적이 있었는데 나중에 청구서를 보고 크게 놀랐다.

며칠 뒤에 한 친구가 우리 집에 들러서 새로 바꾼 커

튼을 보았다. 비용을 알려주니까 그가 큰 소리로 말했다. "뭐라고? 엄청나군. 바가지를 쓴 것 같아."

사실일까? 사실이다. 그는 사실을 말했다. 그러나 사실이라도 판단을 내비치는 그런 말을 듣기 좋아하는 사람은 거의 없다. 나도 사람인지라 변명하려고 했다. 나는 가격이 싸면 제일 좋겠지만, 그럴 경우에는 품질과 예술적 취향을 기대할 수 없다는 등등의 말을 했다.

다음 날, 또 다른 친구가 집에 와서는 커튼을 보고 열정적으로 감탄했다. 자기 집도 그렇게 절묘하고 멋지게 꾸밀 수 있으면 좋겠다고 말했다. 나는 어제와는 아주 다르게 반응했다. "사실, 비용을 대기가 버거웠네. 비용이 너무 많이 들어서 괜히 했다고 생각했거든."

우리가 틀렸다면 우리는 스스로 그것을 인정할 수 있다. 그리고 조심스럽고 세련되게 다뤄지면, 다른 사람들에게 우리가 틀렸음을 인정하고, 솔직하고 넓은 마음으로 시인할 수 있다. 그러나 다른 사람이 불쾌한 그 사실을 면전에 들이대려고 할 때는 그렇지 않다.

남북전쟁 당시 미국에서 가장 유명한 편집장이었던 호레이스 그릴리는 링컨의 정책들에 격렬하게 반대했다. 그는 논쟁과 조롱, 비난을 퍼부음으로써 링컨이 자신의 의견에 동의할 것이라고 생각했다. 그는 격렬한 비판 작전을 몇 달이고 몇 년이고 계속했다. 사실 링컨 대통령이 부스에게 저격당한 날 밤에도 링컨 대통령을 혹독하게 비판하고 빈정대며 공격적인 글을 썼다.

그런데 그 모든 공격이 링컨 대통령을 그릴리에게 동의하게 만들었을까? 전혀 아니다. 조롱과 비난으로는 결코 설득시키지 못한다.

사람을 다루고 자신을 관리하며 개성을 발전시킬 수 있는 훌륭한 제안들을 얻고 싶다면 벤저민 프랭클린의 자서전을 읽어라. 그 책은 가장 매력적인 삶의 이야기이며 미국 문학사의 고전 중 하나이다. 책에서 벤저민 프랭클린은 자신이 논쟁하는 잘못된 버릇을 어떻게 극복하고 미국 역사상 가장 능력 있으면서 상냥하고 외교적 수완이 뛰어난 사람으로 변했는지를 보여주었다.

벤저민 프랭클린이 자주 실수를 하던 청년 시절의 어느 날, 퀘이커 교도인 한 친구가 그를 한쪽으로 데리고 가더니 신랄하게 몰아세우며 다음과 같이 말했다.

> 벤저민, 자넨 어쩔 수 없네. 자네는 자네 의견과 다른 말을 하는 모든 사람을 혹평하고 있어. 이제 그들은 아주 공격적으로 변해서 아무도 가라앉힐 수가 없게 되었네. 자네 친구들은 자네가 없을 때 그들끼리 즐기지. 자

네에게 뭐라도 말하는 사람이 이제는 아무도 없다는 것을 자네도 잘 알 거야. 정말로 아무도 자네와 말하려고 하지 않아. 애써 봤자 불편하기만 하고 일이 더 힘들게 되기 때문이지. 이제 자네는 자네가 지금 알고 있는 그 조금의 지식밖에는 더 알지 못할 거야.

내가 벤저민 프랭클린에 대해서 아는 장점 중의 하나는 이러한 현명한 질책을 받아들였다는 것이다. 그는 이 질책이 사실임을 알았고, 자신이 실패와 사회적 고립으로 나아가고 있었음을 감지해서 180도 방향 전환을 할 만큼 배포가 크고 현명했다. 그는 버릇없고 독선적인 태도를 즉각 고쳤다.

프랭클린은 말했다.

나는 다른 사람들에게 직접 반박하는 것과 나의 의견을 확고하게 주장하는 것 모두를 금지할 것을 규칙으로 삼았다. 심지어는 '확실히' 나 '의심할 바 없이' 등과 같이 확고부동한 견해를 언급하는 말이나 표현도 사용하지 않기로 했다. 그 대신 '내가 느끼기로' '내가 이해하기로' '내가 생각하기로' 같은 말이나 '지금 내 생각에는' 같은 표현을 사용했다.

그리고 내가 생각하기에 잘못된 주장을 누군가가 하

면, 무뚝뚝하게 반박하거나 모순을 즉각 드러내는 대신, 어떤 경우에는 그의 견해가 맞을 수 있지만 이 경우에는 좀 다른 것 같다는 식으로 말을 꺼냈다. 이렇게 말투가 변하자 곧 이점이 생기는 것을 발견했다. 대화가 더욱 즐거워졌다. 겸손하게 말하자 내 생각이 더 쉽게 받아들여지고 반박은 줄어들었다. 내가 틀렸을 때에 덜 굴욕스러웠고, 내가 옳을 때에는 좀 더 쉽게 다른 사람들이 실수를 인정하고 내 의견에 동의했다.

이러한 방식이 처음에는 억지로, 힘들게 되었지만 점차 쉬워져서 습관처럼 되었다. 지난 50년간 아마도 내 입에서 독단적인 표현이 나오는 것을 들어본 사람은 없을 것이다. 그리고 주로 이 습관 덕에(정직성에 이어서), 나는 새 단체나 개정안을 제안할 때 국민들에게 그토록 많은 지지를 얻고, 의회 의원이 되었을 때에도 많은 영향력을 갖게 되었다고 생각한다. 왜냐하면 나는 훌륭한 연설가가 아니기 때문에 유창하지도 않고 단어를 선택할 때 많이 망설이며 정확하게 말하지도 못하지만, 그래도 대체적으로 말하고자 하는 요점을 전달한다.

벤저민 프랭클린의 방법이 사업계에서는 얼마나 잘 통할까? 예를 들어보겠다. 이러한 경우는 수많은 사람들이 동일하게 경험하는 전형적인 경우임을 기억하라.

R. V. 크로울리는 뉴욕에 있는 목재회사의 영업사원이었다. 그는 수년 동안 고집 센 목재 검사관들에게 그들이 틀렸다고 지적했다. 그리고 그들과의 논쟁에서도 이겼다. 그러나 그렇게 해서 어떤 이익도 얻지 못했다.

크로울리 씨가 말했다. "그 목재 검사관들은 꼭 야구 심판 같았어요. 한 번 결정을 내리면 절대로 바꾸지 않았죠."

크로울리 씨는 자신이 논쟁에서 이김으로써 자기 회사는 수천 달러를 잃는 것을 보았다. 그래서 그는 내 강의를 듣는 동안 전략을 바꿔서 논쟁을 포기하기로 결심했다. 어떤 결과가 있었을까? 그가 강의 시간에 수강생들 앞에서 직접 말한 이야기이다.

아침에 제 사무실로 전화가 걸려왔습니다. 거래처 직원은 흥분과 짜증이 섞인 목소리로 우리가 납품한 트럭 한 대 분량의 목재가 전량 불량 판정이 나서 하역을 중단했으니, 즉시 목재들을 회수해 가라고 통보하더군요. 목재 4분의 1 정도를 하역했을 때 목재 검사관이 보고서 55퍼센트가 등급 이하라고 판정했기 때문에 그들은 이런 상황에서 목재를 받을 수 없다고 했던 것이지요.

저는 즉시 공장으로 출발했습니다. 가는 내내 이 상황을 가장 잘 처리할 수 있는 최선의 방법을 머릿속으로 생각했지요. 보통의 경우였다면 이런 상황에서의 저는 등급 규칙을 인용하고, 목재 검사관으로서의 저의 경험과 지식을 내세우면서 우리 목재는 실제로 기준한 적합하며, 그가 잘못 판단한 것이라고 다른 검사관을 설득하려고 했을 것입니다. 그러나 저는 강의에서 배운 원칙을 적용해 보겠다고 마음먹었습니다.

공장에 도착하니, 목재 구입상과 목재 검사관이 불편해하면서 언쟁을 벌일 태세를 하고 있었습니다. 우리는 목재를 내리고 있던 차로 갔고, 저는 인부들에게 제가 상태를 볼 수 있게 계속 목재를 하역해 달라고 요청했어요. 그리고 목재 검사관에게는 불량품들과 합격품들을 따로 쌓게 해달라고 부탁했지요.

검사관이 목재를 가르는 것을 보니 그의 검사 기준은 너무 까다로웠고, 그가 규칙을 잘못 알고 있었습니다. 우리가 보낸 목재는 스트로부스소나무(백송)였습니다. 그런데 그 검사관은 단단한 재목에 대해서는 철저히 알고 있었지만 스트로부스소나무에 대해서는 경험도 지식도 없었어요. 스트로부스소나무는 제가 잘 아는 목재였습니다. 제가 목재 등급 매기는 것에 이의를 제기했을까요? 전혀 간섭하지 않았어요. 저는 그저 지켜만 보다가 왜 불량품인지를 물었습니다. 단 한순간도 검사관이 틀렸다고 암시하지 않았지요. 단지 다음에 목재를 보낼 때

정확히 이 회사가 원하는 목재를 보내기 위해서 묻는 것이라고 했습니다.

저는 매우 상냥하고 협조적으로 질문했고, 그들이 목적에 맞지 않는 목재들을 거부하는 것은 옳은 일이라고 계속 강조하면서 검사관을 북돋았어요. 그러자 긴장된 분위기가 점차 풀어지기 시작했어요. 제가 이따금 조심스럽게 말을 하자 검사관은 자신이 거부한 목재들이 사실은 합격품이지만 자신은 이보다 훨씬 높은 등급의 목재를 요구하고 있다는 것을 인정하게 되었어요. 그래도 저는 아주 조심해서, 제가 그런 결론에 이르게 했다는 생각이 들지 않도록 했어요.

검사관의 태도가 차츰 바뀌었습니다. 마침내 그는 자신이 스트로부스소나무에 대해 경험이 없다고 인정했고, 각 목재들에 대해서 제게 질문했어요. 저는 왜 이 목재들이 합격품인지 설명했지만 그들의 기준에 맞지 않으면 이 목재들을 반품해도 괜찮다고 강조했지요. 검사관은 자신이 목재를 불량품 쪽으로 구분했을 때 마음이 왜 불편했는지 이해하게 되었어요. 결국, 구체적인 기준을 요구하지 않은 자기네 쪽이 실수했음을 인정했습니다.

최종적인 소득은, 제가 떠난 뒤에 그 검사관이 차 한 대의 목재 전체를 하역하며 합격품으로 받아들였고, 우리는 전체 대금을 수표로 받았다는 것입니다.

이 한 경우만 보더라도, 상대방이 틀렸다는 말을 삼가겠다는 결심이 우리 회사에 엄청난 이익을, 그리고 돈으로 환산할 수 없는 이득도 주었음을 부인하기 어려울 것입니다.

평화주의자인 마틴 루터 킹은 어떻게 미 공군 장교 다니엘 제임스의 추종자가 되었는지 질문을 받았다. 다니엘 제임스는 당시에 미국에서 가장 서열이 높은 흑인 장교였다. 마틴 루터 킹은 "저는 사람들을 제 원칙이 아니라 그들 자신의 원칙에 따라서 판단합니다."라고 대답했다.

이와 비슷하게 로버트 E. 리 장군은 남부 동맹 의장인 제퍼슨 데이비스에게 자기 휘하에 있는 한 장교에 대해서 극찬한 적이 있다. "장군, 장군이 그토록 높이 평가하는 그 장교가 당신을 비방하려고 기회만 노리는 악랄한 적이라는 것을 알고 있소?" 리 장군은 이렇게 대답했다. "알고 있소. 하지만 의장께서는 그에 대한 내 의견을 물은 게 아니었소? 나에 대한 그의 생각을 물은 게 아니잖소."

어쨌든, 나는 이 장에서 새로운 것은 하나도 말하지 않았다. 2천 년 전에 예수가 말했다. "너를 고소한 사람과 함께 법정으로 갈 때에는, 도중에 얼른 그와 화해하도록 하여라."

그리고 기원전 2천2백 년에 이집트의 악토이 왕은 아들에게 통찰력 있는 충고를 했는데, 그 충고는 오늘날에도 매우 필요하다. "외교적이 되라, 그러면 너의 목적을 달성할 것이다."

다시 말해, 고객이나 배우자 또는 적수와 논쟁하지 마라. 그들이 틀렸다고 말하지 말고, 그들을 화나게 하지 마라. 약간의 외교적 수완을 사용하라.

상대방을 설득하는 방법 2

상대방의 의견을 존중하라.
상대방이 틀렸다고 절대로 말하지 마라.

3 잘못했으면 솔직히 인정하라

우리 집에서 걸어서 1분도 안 되는 거리에 원시림 구역이 있다. 그곳에서는 봄이면 블랙베리 덤불이 하얗게 형성되고, 다람쥐들이 둥지를 틀어 새끼들을 기르며, 쥐꼬리망초가 말의 머리만큼이나 자랐다. 이 훼손되지 않은 삼림 지대는 숲 공원이라 불렸다. 그곳은 정말 숲이었다. 콜럼버스가 아메리카 대륙을 발견했을 때와 크게 다르지 않을 것이다.

나는 종종 보스턴 불도그인 렉스과 함께 이 공원을 거닐었다. 렉스는 친근하고 작은 사냥개였으며, 공원에는 거의 사람이 없기 때문에 나는 렉스에게 입마개를 씌우지도, 줄을 매지도 않고 데려갔다. 어느 날 그 공원에서 기마경찰을 만났는데, 그는 자기의 권위를 과시하고 싶어 하는 것 같았다. "공원에서 개를 입마개나 목줄도 매지 않은 채 돌아다니게 하면 어떡합니까? 법을 위반하고 있다는 것도 모르십니까?" 하고 나를 질책했다.

"예, 압니다만, 이 개는 아무도 해치지 않을 거라 생각했습니다." 내가 부드럽게 대답했다.

"그렇게 생각했다! 그렇게 생각했다고요! 빌어먹을, 법은 당신이 어떻게 생각하는가는 관심이 없습니다. 저 개가 다람쥐를 죽일 수도 있고 아이를 물 수도 있습니다. 이번에는 그냥 보내드리지만, 다음번에 또 개가 입마개나 목줄 없이 돌아다니는 것이 제 눈에 띄면, 당신은 판사 앞에 서야 할 겁니다."

나는 그러겠다고 온순하게 대답했다.

그리고 나는 그대로 지켰다. 얼마 동안은 말이다. 그러나 렉스는 입마개를 좋아하지 않았고, 나도 그게 좋지 않았다. 그래서 우리는 운에 맡기고 그냥 나가기로 했다. 얼마 동안은 모든 게 좋았지만, 곧 문제에 부딪혔다. 어느 날 오후, 렉스와 나는 언덕 꼭대기까지 달리기 경주를 했는데 갑자기 그곳에 그 법의 파수꾼과 암갈색 말이 다리를 벌리고 서 있는 것이었다. 렉스는 내 앞에서 곧장 그 경찰을 향해 달려가고 있었다.

나는 순간 이 상황을 피해 갈 수 없다는 것을 알았다. 그래서 경찰이 먼저 말할 때까지 기다리지 않고, 선수를 쳤다. "경관님, 현행범으로 잡혔네요. 제가 법을 위반했습니다. 알리바이도, 변명거리도 없습니다. 지난주에 개를 입마개 없이 돌아다니게 하면 벌금을 물리겠다고 경고하셨지요."

"그렇습니다. 하지만 저도 여기처럼 아무도 없는 곳에서 작은 개와 경주하고 싶은 유혹을 잘 압니다." 경찰이 부드러운 톤으로 말했다.

"확실히 유혹이긴 합니다만, 제가 법을 어겼습니다."

"이처럼 작은 개는 아무도 해치지 않을 것 같군요."

"아닙니다. 다람쥐를 죽일 수도 있어요."

"너무 심각하게 생각하시는군요. 어떻게 하면 되는지 말씀드리지요. 개를 제가 볼 수 없는 언덕 저쪽으로 달리게 하십시오. 그러면 그냥 넘어갈 수 있을 겁니다."

그 경찰도 인간인지라 자신이 중요하다는 느낌을 갖길 원했다. 그래서 내가 스스로를 비난하자, 그가 도량이 넓은 체하며 내게 자비를 베푼 것이었다. 만약 내가 변명하려 했다고 한 번 가정해 보자. 당신은 경찰과 논쟁해 본 적이 있는가?

나는 경찰과 논쟁하는 대신에 그가 전적으로 옳고, 내가 전적으로 잘못했음을 인정했다. 아주 신속하고 솔직하게 진심으로 인정했다. 상황은 내가 그의 입장을 이해하고, 그가 내 입장을 이해함으로써 호의적으로 끝이 났다. 매너가 뛰어났던 체스터필드 경도, 불과 1주일 전에는 내게 벌금을 물리겠다고 위협하던 그 기마경찰보다 더 자비롭게 행할 수 없었을 것이다.

우리가 질책받게 될 것을 안다면, 다른 사람이 비난하게 하는 것보다 우리 스스로 자책하는 게 훨씬 낫지 않을까? 다른 사람의 입을 통해 비난을 듣는 것보다 스스로 자책하는 것을 듣는 게 훨씬 쉽지 않을까?

다른 사람이 생각하고 있거나 말하고 싶어 하거나 또는 작정하고 있는 당신에 대한 모든 부정적인 것들을 당신 스스로 말하라. 그들이 말할 기회를 갖기 전에, 먼저 당신이 말하라. 그러면 당신의 실수들은 십중팔구 너그럽게 용서받고, 기마경찰이 나와 렉스에게 했던 것처럼 최소화될 것이다.

바보라도 자신의 실수를 변명하려고 할 수 있고, 대부분의 바보가 그렇게 한다. 그러나 자신의 실수를 인정하는 사람은 무리 중에서 두각을 나타내고 품위와 기쁨을 느낀다. 예를 들면, 로버트 E. 리에 대한 기록 중에서 가장 아름다운 이야기, 곧 게티즈버그에서의 피켓 장군의 실패에 대한 모든 책임을 전적으로 자신에게 돌린 일화가 있다.

피켓 장군의 돌격은 서구 전쟁사에서 유례없이 멋지고 생생한 공격이었다. 조지 E. 피켓 장군 자체가 멋있었다. 그는 적갈색 머리칼을 어깨에 닿을 정도로 길게 늘어뜨렸고 이탈리아 출정에 나갔던 나폴레옹처럼 전투 중에도 거의 날마다 열정적인 연애편지를 썼다.

그 비극적인 7월 어느 오후, 피켓 장군이 모자를 약간 오른쪽으로 비스듬히 쓰고 북군 전선을 향해서 말을 타고 멋지게 나아가자, 그의 충성스런 군사들은 환호성을 질렀다. 부대는 함성을 지르며 그를 따랐다. 태양 아래 깃발을 펄럭이고 총검을 빛내면서 병사들은 끝도 없이 밀고 나아갔다. 당당하고 사랑스러우며 참으로 멋진 광경이었다. 그들이 북군 전선에 이르자 북군 진영에서도 감탄의 소리가 흘러나왔다.

피켓 장군의 군사들은 과수원과 옥수수밭, 목초지를 가로지르고 골짜기를 건너 별다른 어려움 없이 모두 휩쓸고 지나갔다. 그러는 동안 적의 대포가 간간이 병사들 사이에 끔찍한 구멍을 내고 있었지만, 그들은 단호했고 계속해서 진격에 진격을 거듭했다.

그런데 갑자기 묘지의 석벽 뒤에 매복해 있던 북군 보병이 나타나, 돌진하는 피켓 장군의 부대를 향해 마구 포격을 해댔다. 그 능선은 마치 화산이 폭발한 것처럼 순식간에 화염에 휩싸였으며 아수라장이 되고 말았다. 단 몇 분 사이에 피켓 장군의 연대 지휘관 중 한 명만 빼고 다 쓰러졌고, 5천 명의 병력 중에서 5분의 4가 죽고 말았다.

마지막 공격을 이끈 루이스 A. 아미스테드 장군은 살아남은 병사를 이끌고 석벽을 뛰어넘으며 최후의 돌격을 감행했다. 그는 칼끝에 모자를 꽂아 높이 치켜들며 소리쳤다. "돌격하라! 돌격하라!"

그들은 돌격했다. 석벽을 뛰어넘어 적을 총검으로 찌르고, 장총으로 머리를 부수는 치열한 육박전 끝에 마침내 묘지 능선에 남군의 깃발을 꽂았다. 하지만 깃발은 아주 잠깐 동안만 휘날렸다. 그 짧은 순간은 남부 연방 사상 최고의 순간으로 기록되었다.

피켓 장군의 돌격은 눈부시고 대담했지만 종말의 시작이었다. 리 장군은 실패했다. 더 이상 북군의 방어선을 뚫을 수 없었다. 그도 그것을 알았다.

남군의 운명은 정해져 있었다. 리 장군은 너무 큰 슬픔과 충격을 받아서 당시 남부 연방의 대통령인 제퍼슨 데이비스에게 사직서를 보내서 '더 젊고 능력 있는 사람'을 임명하라고 요청했다. 만약 리 장군이 피켓의 돌격이 참담하게 실패한 것에 대해 다른 누구를 비난하고자 했다면 많은 변명거리들을 찾아낼 수 있었을 것이다. 그의 연대 지휘관들 중 몇몇이 명령을 어겼고, 기병대가 제때에 도착하지 않아서 보병대의 공격을 지원하지 못했다. 여기저기서 잘못되고 엉망이었다.

그러나 고결한 인품의 소유자였던 리 장군은 다른 사람을 비난하지 않았다. 피켓 장군의 군대가 상처 입고 피투성이가 되어 남부 연방 전선으로 간신히 돌아오자 로버트 E. 리 장군은 혼자 말을 타고 나가 그들을 맞았다. 그들을 맞으며 그는 숭고하게 자기 비난을 하며 이렇게 고백했다. "이 모든 것은 다 나의 잘못이네. 나 혼자만이 이 싸움에서 졌네."

역사상 이렇게 인정할 만큼 용기 있고 인품 있는 장군은 거의 없었다.

우리가 옳을 때는, 온화하고 재치 있게 다른 사람들을 우리 생각에 동의하게끔 해보자. 우리가 틀렸을 때는-정직하게 우리 자신을 보면 이런 경우가 놀랍게도 자주 있다.- 잘못을 빨리 그리고 분명하게 인정하자. 그렇게 하면 놀라운 결과들이 생길 뿐만 아니라, 믿거나 말거나 그 상황에서 스스로를 변호하려고 할 때보다 훨씬 즐겁다.

옛 격언을 기억하라. "싸우면 충분히 얻지 못하지만 양보하면 기대 이상을 얻는다."

상대방을 설득하는 방법 3

잘못을 했으면 빨리 그리고 분명하게 인정하라.

4 꿀 한 방울

화가 나서 이 말 저 말 다 쏟아 붓고 나면 당신은 기분이 많이 풀릴 것이다. 그러나 상대방은 어떨까? 당신처럼 기분이 좋아질까? 공격적인 어조와 적대적인 태도로 말하는 당신에게 쉽게 동의할 수 있을까?

우드로 윌슨은 말했다.

"당신이 두 주먹을 불끈 쥐고 내게 오면, 나도 당신만큼 주먹을 꽉 쥘 수 있다고 생각한다. 그러나 '앉아서 함께 상의해 봅시다. 우리가 서로 의견이 다르다면 왜 그런지, 어느 부분에서 달라지는지를 알아봅시다.' 라고 말한다면, 우리는 곧 서로의 견해가 그렇게 다르지 않다는 것을 발견할 것이다. 의견이 다른 부분은 아주 적고, 서로 동의하는 부분이 많을 것이다. 오직 서로의 의견을 모으고자 하는 바람으로 인내심을 갖고 솔직하게 나아가면 결국에는 양측의 의견이 일치할 것이다."

우드로 윌슨이 한 이 말의 진가를 존 D. 록펠러 2세보다 더 잘 평가한 사람은 없을 것이다. 1915년으로 돌아가 보면, 록펠러는 콜로라도 주에서 가장 지독하게 멸시받는 사람이었다. 미국 산업사상 가장 잔혹한 파업이 2년간 콜로라도 주를 뒤흔들었다. 성난 광부들이 콜로라도 석유와 강철회사에 임금 인상을 강력히 요구했다. 건물이 파괴되고, 병력이 투입되었다. 유혈 사태가 벌어졌다. 파업 참가자들에게 발포되었고, 그들의 몸은 총알로 벌집이 되었다.

증오가 들끓는 이러한 때에 록펠러는 파업 광부들을 자기편으로 이끌기를 원했고 그는 그렇게 했다. 어떻게 했을까? 이야기는 다음과 같다. 록펠러는 사람들과 사귀며 몇 주간을 보낸 뒤에 파업 대표자들 앞에서 연설했다. 그가 이때 한 연설은 완전히 걸작이었다.

그의 연설은 놀라운 결과를 낳았다. 록펠러를 삼켜버릴 듯 위협했던 격렬한 증오를 잠재웠다. 그는 수많은 추종자들을 얻었다. 그의 우호적인 말에 파업 광부들은 그렇게 격렬하게 주장하던 임금 인상에 대해서 더 이상 말하지 않고 뒤로 물러났다.

그 놀라운 연설의 서두는 다음과 같다. 얼마나 호의적인 느낌이 빛을 발하는지 주목하라. 록펠러는 며칠 전까지만 해도 자신의 목을 사과나무에 매달려고 했던 사람들에게 말하고 있었다는 사실을 기억하라. 그럼에도 불구하고 그는 의료 선교사들에게 말하듯 친절하고 다정하게 연설을 했다. 그의 연설은 다음과 같은 문장들로 빛이 났다. '제가 여기 있게 되어 자랑스럽습니다.' '여러분의 집을 방문하여 여러분의 부인과 자녀들을 만났고.' '우리는 여기에 낯선 사람으로서가 아니라 친구로서 모였습니다.' '서로에게 호의를 보이는 분위기, 우리의 공통 관심사' '제가 여기에 있는 것은 오직 여러분의 호의 덕분입니다.'

록펠러는 연설을 시작했다.

오늘은 제 일생에서 길이 기억될 날입니다. 훌륭한 회사의 노동자 대표들과 관리자, 임원 모두를 처음으로 만나는 행운의 날이기 때문입니다. 저는 이곳에 있어서 매우 영광스럽고, 앞으로 평생 이 모임을 기억할 것입니다.

이 만남이 2주 전에 열렸다면 저는 여러분 중에서 아주 소수만 알고, 대부분은 모르는 낯선 사람으로 서 있었을 것입니다. 다행스럽게도 저는 지난주에 남부의 모든 탄광에 들러서, 자리를 비운 몇 분을 제외하고는 모든 대표를 만나 개인적이면서 실제적인 이야기를 나누었고, 여러분의 가정에도 들러서 여러분의 부인과 자녀들을 만났기 때문에 우리는 여기에 낯선 사람으로서가 아니라 친구로서 모였습니다. 그리고 저는 서로에게 호의를 보이는 분위기에서 공통 관심사들을 놓고 이야기를 나눌 수 있어서 굉장히 기쁩니다.

이 모임은 회사의 관리자들과 노동자 대표들의 모임이므로 어디에도 속하지 않는 제가 이 자리에 설 수 있게 된 것은 오로지 여러분의 정중한 배려 덕분입니다. 그럼에도 불구하고 제가 여러분과 긴밀하게 연관되어 있음을 느끼는 것은, 어떤 의미에서 저는 주주와 중역을 대표하기 때문입니다.

이것이야말로 적대자를 친구로 만드는 방법을 보여주는 멋진 모범이지 않은가?

록펠러가 다른 방법을 취했다고 가정해 보라. 그가 이 광부들과 논쟁하고, 그들 면전에 회사의 절박한 상황들에 대한 사실들을 퍼부었다고 가정해 보라. 그들이 잘못했다고 암시하는 어조로 말했다고 가정해 보라. 그들이 잘못했음을 논리적으로 지적했다고 가정해 보라. 일이 어떻게 되었을까? 그들은 더 분노하고 증오하며 저항했을 것이다.

상대의 마음에 당신에 대한 불화와 반감이 자리 잡고 있으면, 당신은 어떤 논리로도 그를 설득할 수 없다. 야단치는 부모 또는 권위를 내세우는 상사나 남편, 잔소리를 해대는 아내는, 사람은 좀처럼 마음을 바꾸고 싶어 하지 않는다는 사실을 깨달아야 한다. 사람들을 강제 또는 억지로 우리에게 동의하게 만들 수 없다. 그러나 우리가 온유하고 친절하면 할수록 그들의 생각을 바꿀 수 있는 가능성은 커진다.

실제로 링컨은 이미 백여 년 전에 이렇게 말했다.

> '꿀 한 방울로 쓸개즙 한 통보다 더 많은 파리를 잡을 수 있다.'는 오래된 격언은 진리이다. 사람들에 관해서도 마찬가지로, 당신의 주장에 다른 사람이 동의하게 만들려면 먼저 당신이 그의 진실한 친구임을 그가 알게 하라. 그 속에 다른 사람의 마음을 사로잡을 수 있는 꿀 한 방울이 들어 있다. 그 다음에 당신의 뜻을 말하는 것이 상대방의 이성을 얻을 수 있는 최고의 길이다.

사업가들은 파업 참가자들에게 우호적으로 대하는 것이 이득이라는 사실을 배웠다. 예를 들면, 화이트 모터사의 공장에서 2천5백 명의 근로자들이 임금 인상과 유니온 숍(노동자가 채용되면 반드시 노동조합에 가입해야 하는 제도-옮긴이 주)을 요구하며 파업했을 때 당시 그 회사 사장이었던 로버트 F. 블랙은, 자제력을 잃고 그들을 비난하거나 위협하거나 또는 공산주의자들이라며 떠들지 않았다. 그는 오히려 파업 참가자들을 칭찬했다. 그는 지역 신문인 <클리블랜드 신문>에 '근로자들의 평화적인 파업'이라며 그들을 칭찬하는 광고를 냈다. 그리고 파업 참가자들이 시위 도중에 할 일이 없어 빈둥거리는 것을 보고는 야구 방망이와 글러브를 20여 개 사주고 공터에서 야구 경기를 하라고 권했다. 볼링을 더 좋아하는 근로자들을 위해서는 볼링장도 빌렸다.

블랙 씨가 베푼 이러한 친절은, 친절이 늘 그렇듯이 또 다른 친절을 낳았다. 파업 참가자들은 빗자루와 삽, 쓰레받기, 손수레 등을 빌려와서 공장 주변에 버려진 성냥, 휴지, 담배꽁초 등을 줍기 시작했다. 한 번 상상해 보라! 파업 참가자들이 임금 인상과 유니온 숍 인정을 요구하면서 파업하는 와중에 공장 주변을 정리하는 모습을 말이다. 이런 사건은 미국의 길고 격렬한 노동 전쟁 사상 처음이었다. 이 파업은 일주일 만에 합의가 이루어져 어떤 반감이나 원한도 없이 끝났다.

엔지니어인 O. L. 스트라웁은 임대료를 깎고 싶었다. 그러나 그는 집주인이 냉정한 사람이라는 것을 알았다. 스트라웁 씨가 강의 시간에 발표했다.

저는 집주인에게 임대차 계약이 만료되는 대로 곧 아파트를 비우겠다는 편지를 썼어요. 사실 저는 이사 가고 싶지 않았어요. 임대료를 깎아주면 그대로 있고 싶었지요. 하지만 그럴 가능성은 없는 것 같았어요. 다른 세입자들이 임대료를 깎으려고 시도해 보았지만 실패했어요. 모두 집주인은 상대하기가 굉장히 힘든 사람이라고 말했어요. 그러나 저는 제 자신에게 말했지요. '나는 사람을 다루는 방법에 관한 강의를 듣고 있으니, 배운 것을 주인에게 시도해 볼 거야. 그리고 어떻게 되는지 볼 거야.'

집주인과 비서가 제 편지를 받고 얼마 되지 않아 찾아왔어요. 저는 집주인을 현관에서 반갑게 맞았어요. 제가 호의와 관심을 갖고 있다는 것을 분명하게 표현했지요. 저는 처음부터 임대료가 비싸다는 말은 꺼내지 않았어요. 이 집을 참으로 좋아한다는 이야기를 먼저 꺼냈지요. 저는 정말로 '진심으로 인정하고 칭찬을 아끼지 않았어요.' 그리고 건물을 관리하는 그의 방식을 칭찬했고, 저는 1년 더 이 집에서 살고 싶지만 그럴 만한 능력이 없다고 말했어요.

그는 분명히 세입자에게 그런 환대를 받아본 적이 없었을 거예요. 어떻게 해야 할지를 모르는 듯했거든요.

그는 제게 자신의 고민들을 털어놓았어요. 세입자들

에 대한 불만을 이야기했어요. 어떤 세입자는 자신에게 편지를 열네 통이나 보냈는데, 그중에는 정말 무례한 것도 있다고 말했어요. 또 어떤 세입자는 위층에 코 고는 남자를 그대로 두면 임대차 계약을 파기하겠다고 위협했다고 했어요. 주인이 말했어요. “당신처럼 만족스러워하는 세입자가 있어서 참으로 안심이 됩니다.” 그러고는 제가 요청하지도 않았는데 임대료를 조금 깎아주겠다고 했어요. 저는 더 깎고 싶었기 때문에, 제가 낼 수 있는 임대료를 정확하게 말했어요. 그것을 주인은 아무 말 없이 그대로 받아들였어요.

그리고 주인은 떠나기 전에 제게 물었지요. “집을 꾸미는데 제가 도와드릴 게 있을까요?”

만약에 제가 다른 세입자들이 했던 방법대로 임대료를 깎으려 했다면, 확실히 저는 그들과 똑같이 실패했을 것입니다. 저는 친근하고 호의적이며 감탄하는 접근법으로 임대료를 깎을 수 있었지요.

우리의 강좌를 듣는 또 한 명의 수강생인, 뉴햄프셔주 리틀톤에 사는 제럴드 H. 윈은 호의적으로 접근해서 손해 배상 청구가 얼마나 만족스럽게 해결되었는지 이야기했다.

언 땅이 아직 녹지 않은 이른 봄날에 이례적으로 폭우가 쏟아져서, 평상시 같으면 배수로 주변이나 도랑으로 흘러갔을 물이 공교롭게도 제가 새 집을 짓고 있는 건물 부지로 흘러들었습니다.

물은 흘러 나가지 못하고 건물 토대 주변에 압력을 가했습니다. 그러다가 급기야는 콘크리트 지하 바닥으로 스며들어서 넘쳤고, 지하실은 물로 가득 찼습니다. 그래서 벽난로와 온수기가 망가졌고, 이러한 손실을 수리하는데 드는 비용이 2천 달러가 넘게 예상되었지만 저는 미처 보험을 들어놓지 못했어요.

그런데 저는 곧 하청업자가 이런 문제에 대비하도록 배수관을 집 근처에 설치하는 일을 잊었다는 사실을 알게 되었습니다. 저는 그와 만날 약속을 정했지요. 그의 사무실로 25마일을 가는 동안 저는 상황을 신중하게 검토했어요. 강의에서 배운 원칙들을 떠올리고는, 화를 내면 좋은 효과를 얻는데 도움이 되지 않는다는 것을 알았어요. 그의 사무실에 도착한 저는 평온을 유지하면서 그에게 최근에 서인도제도로 휴가를 다녀온 것에 대해 물었어요. 그러다가 적절한 때라고 느꼈을 때 물 때문에 야기된 저의 '작은' 문제에 대해서 언급했어요. 그는 문제를 시정하는데 필요한 자기 몫의 책임을 지는 것에 곧 동의했어요.

며칠 뒤에 그가 전화해서 복구에 필요한 비용을 대고, 앞으로 또 발생할 수 있는 같은 피해에 대비하기 위해서 배수관을 설비하겠다고 했어요. 하청업자의 잘못이기는 했지만, 만약 제가 친근하게 접근하지 않았다면 그가 완전히 책임을 지도록 하는데 큰 어려움을 겪었을 겁니다.

여러 해 전, 나는 미주리 주 남서부의 한 시골 학교까지 숲을 맨발로 걸어 다닐 때 해와 바람에 대한 우화를 읽었다. 해와 바람은 누가 더 강한지 내기를 했다. 바람이 말했다. "내가 더 강하다는 것을 보여주겠어. 저기 외투를 입고 있는 남자가 보이지? 확실히 내가 너보다 더 빨리 남자의 외투를 벗길 수 있어."

그래서 해는 구름 뒤로 숨었고, 바람은 거의 회오리 바람을 일으킬 정도로 힘차게 입김을 불었다. 그러나 남자는 바람이 거세질수록 외투를 더욱 단단히 여밀 뿐이었다. 결국 바람은 잠잠해졌고 남자의 외투 벗기는 것을 포기했다.

그러자 해가 구름 밖으로 나와서 남자를 향해 상냥하게 미소 지었다. 이내 남자는 이마를 닦더니 외투를 벗었다. 그러자 해가 바람에게, 언제나 친절과 호의가 질책이나 힘보다 더 강하다고 말했다.

이솝은 기원전 6백 년경에 크로이소스 왕이 다스리던 그리스에서 살면서 불멸의 우화들을 지어낸 궁정 노예였다. 그가 인간 본성에 대해 가르친 진리들은 26세기 전의 아테네에서와 마찬가지로 지금 보스턴과 버밍햄에서도 진리이다. 해는 바람보다 더 빨리 당신의 외투를 벗길 수 있고, 친절 곧 호의적인 접근과 칭찬은 고함이나 질책보다 더 쉽게 사람들의 마음을 바꿀 수 있다.

링컨이 한 말을 기억하라. "꿀 한 방울이 쓸개즙 한 통보다 더 많은 파리를 잡는다."

상대방을 설득하는 방법 4

우호적인 태도로 시작하라.

5 소크라테스의 비밀

사람들과 이야기할 때, 그들과 당신이 다른 점을 처음부터 주장하지 마라. 그들과 당신이 동의하는 점들을 강조하면서 이야기를 시작하고 계속 그 점을 강조하라. 당신과 상대방이 모두 같은 목적을 향해 노력하고 있으며, 당신과 다른 점은 목적이 아니라 단지 방법일 뿐이라고 가능한 한 계속 강조하라.

상대방이 처음부터 '네.' 라고 말하도록 하라. 가능하다면 상대방이 '아니요.' 라고 말하지 않게 하라.

오버스트리트 교수에 따르면 '아니요.' 라는 대답은 극복하기가 가장 어려운 장애물이다. 당신이 일단 '아니요.' 라고 대답을 하면, 당신은 자존심 때문에 계속해서 일관성을 유지하려고 한다. 나중에 '아니요.' 라고 한 것이 경솔했다고 느낄 수도 있지만 그래도 귀중한 자존심을 지키려고 할 것이다. 한 번 어떤 것을 말하면, 그것을 고수해야 한다고 생각하게 된다. 그래서 긍정적인 방향으로 대화를 시작하는 것이 굉장히 중요하다.

능숙한 연사들은 처음부터 '네.' 라는 대답을 여러 번

이끌어낸다. '네.' 라는 대답은 듣는 사람의 심리적인 진행 과정을 긍정적인 방향으로 움직인다. 이것은 당구공이 움직이는 것과 같다. 당구공을 어떤 한 방향으로 이동하게 하면 그와 다른 방향으로 이동하게 하는 것은 어렵고, 반대 방향으로 보내는 것은 더 어렵다.

심리적인 양상은 아주 확고해서, 어떤 사람이 '아니요.' 라고 말하고 실제로 그렇게 생각할 때, 그는 그 말보다 훨씬 더 많은 일을 하고 있는 것이다. 그의 전 유기체, 곧 몸의 모든 분비선과 신경, 근육이 모여서 거부 상태를 이룬다. 보통은 미세하지만 때로는 눈에 띌 정도로 신체가 움츠러들거나 그렇게 될 조짐을 보인다. 요컨대 전 신경근이 경계 태세를 취한다. 반대로 '네.' 라고 말하면, 신체가 움츠러드는 활동은 전혀 일어나지 않는다. 유기체가 전진하고 받아들이며 열린 태도를 갖게 된다. 그렇기 때문에 대화 초반부터 '네.' 를 많이 유도해 낼수록, 나중에 궁극적인 제안에 동의를 얻어내는 데 성공할 가능성이 크다.

'네.' 라는 대답을 얻어내는 것은 아주 간단한 기술이다. 그럼에도 불구하고 이 기술이 얼마나 무시되는지! 마치 사람들이 처음부터 적대감을 불러일으켜서 자신이 중요한 존재라는 기분을 느끼는 것 같다.

학생이나 고객, 자녀, 남편 또는 아내에게 처음부터 '아니요.' 라는 대답을 들으면 그 짧고 부정적인 대답을 긍정으로 바꾸기 위해서는 천사의 지혜와 인내가 필요하다.

뉴욕에 있는 그리니치 저축은행의 직원인 제임스 에버슨은 이러한 '네.' 기술을 사용함으로써 잃을 뻔했던 고객을 잡을 수 있었다.

에버슨 씨는 다음과 같이 이야기했다.

그 남자는 계좌를 하나 만들려고 왔습니다. 그래서 저는 일반적인 양식 서류를 내주었지요. 그는 몇 가지 질문들에는 흔쾌히 대답을 했는데, 어떤 물음들에는 대답하기를 단호히 거부했습니다.

인간관계에 대한 강의를 듣기 전이었다면 저는 이러한 예상 고객에게, 은행에 정보를 알려주지 않으면 계좌를 열어드릴 수 없다고 말했을 겁니다. 과거에 제가 그랬던 것이 부끄럽습니다. 당연히, 그렇게 최후통첩을 하면 저는 기분이 좋았어요. 저는 은행의 규칙과 규정은 어길 수 없다고 하면서 누가 더 우위에 있는지를 보여주었지요. 그러나 그러한 태도는 우리 은행을 이용하려고 들어온 사람들에게 자신이 환대받고 있다거나 중요한 손님이라는 느낌을 주지 못했습니다.

저는 그날 아침에는 약간의 상식을 사용하기로 마음 먹었습니다. 은행이 원하는 것이 아니라 고객이 원하는 것에 대해서 말하기로 했지요. 거기다가 저는 고객에게서 처음부터 '네.' 라는 대답을 얻어내기로 작정했습니다. 그래서 제가 고객의 말에 먼저 동의했어요. 고객이 주고 싶어 하지 않는 정보들이 필수 기재사항은 아니라고 말했습니다.

"그렇지만 고객 사후에는 은행에 예금된 돈이 법에 따라서 권리가 부여된 친족에게 전달되어야 하지 않나요?" 하고 물었어요.

"네, 당연하지요."라고 대답하더군요.

"고객이 사망할 경우, 우리 은행에서 고객이 원하시는 바를 지체 없이 정확하게 이행할 수 있도록 가장 가까운 가족의 이름을 알려주시는 것이 좋지 않을까요?" 제가 계속 물었어요.

"네." 다시 그가 대답했지요.

남자는 정보를 묻는 이유가 은행을 위해서가 아니라 자신을 위해서라는 것을 깨닫자 태도를 부드럽게 바꾸었습니다. 그래서 은행을 나서기 전에 자신에 대한 정보를 다 알려주었을 뿐만 아니라, 저의 제안에 따라서 그의 계좌 수령인인 어머니의 이름으로 신탁 계좌도 개설했습니다. 그리고 자기 어머니에 대한 모든 질문에도 기꺼이 대답을 했답니다.

처음부터 "네."라는 대답을 하게 만들자 그는 제가 제안하는 대로 기꺼이 다 했습니다.

캘리포니아 주 오클랜드에서 우리의 강좌를 후원하고 있는 에디 스노우는 상점 주인이 어떻게 자신에게 '네.' 라는 대답을 유도해서 단골 고객으로 만들었는지 이야기했다.

에디 씨는 활사냥에 흥미를 갖게 되어서 그 지역의 활 상점에서 관련 장비들을 사느라 큰돈을 썼다. 에디 씨의 남동생이 활을 하나 빌리기 위해 그 상점을 방문했는데 그곳 점원이 활을 대여하지 않는다고 하자, 에디 씨는 다른 활 상점에 전화를 걸었고 그때의 이야기를 전해 주었다.

한 남자가 매우 상냥하게 전화를 받았습니다. 활을 빌릴 수 있겠느냐는 제 질문에 그는 다른 상점의 사람들과는 아주 다르게 대답했어요. 그는 죄송하지만 이제는 활을 대여하지 않는다고 말하며, 전에 활을 대여한 적이 있는지 물었습니다. 저는 "네, 몇 년 전에 대여했었어요."라고 대답했어요. 그는 제가 대여비로 25~30달러를 지불했을 거라고 상기시켜주더군요. 저는 다시 "네." 하고 대답했어요. 그는 제게 돈을 절약하는 사람이냐고 묻더군요. 당연히 저는 "네."라고 대답했지요.

그는 자기네 상점에서 34.95달러에 활과 모든 필요 장비들이 갖춰진 세트를 판다고 설명했고, 저는 대여비에 단 4.95달러만 더하면 완전한 장비를 구입할 수 있었던 것입니다. 그 때문에 자기네 상점에서는 더 이상 대여를 하지 않는다고도 설명했지요. 제가 그것이 합리적이라고 생각했을까요? 저는 "네."라고 대답하고 장비 한 세트를 구매했고, 그것을 가지러 상점에 가서는 또 몇 가지 물품들을 더 구입했어요. 그때 이후로 그곳의 단골이 되었지요.

'아테네의 잔소리꾼' 소크라테스는 위대한 철학자 중 한 명이다. 그는 역사상 단지 소수의 사람들만 할 수 있었던 일, 즉 인간의 사고방식을 통째로 바꿔놓았다. 그리고 그가 죽은 지 24세기가 지난 지금도 상대방을 가장 지혜롭게 설득하는 사람으로 존경받고 있다.

그의 방법은 무엇이었을까? 사람들에게 틀렸다고 말했을까? 아니다. 소크라테스는 그렇게 말하지 않았다. 그는 그렇게 말하기에는 너무나 노련했다. '소크라테스식 문답법'이라고 불리는 그의 기술은 '네.'라는 대답을 얻어내는 방식에 기초하고 있다. 그는 상대방이 동의해야만 하는 질문들을 했다. 상대방의 동의를 얻을 수 있는 질문들을 계속함으로써 언제나 '네.' 라는 대답을 얻어냈다. 그러다가 상대방이 자신도 거의 알아채지 못한 채, 바로 몇 분 전에는 격렬히 부인했던 결론을 받아들일 때까지 질문을 계속했다.

앞으로 상대방이 틀렸다고 말하고 싶을 때는 옛 소크라테스를 기억하고 친절한 질문, '네.' 라는 대답을 들을 수 있는 질문을 하자.

중국에는 동양의 오래된 지혜를 담고 있는 속담이 하나 있다. "부드럽게 발을 딛는 사람이 더 멀리 간다."

교양 있는 중국인들은 5천 년 동안 인간의 본성을 연구해서 많은 통찰력을 얻었다. 그들이 이렇게 말하고 있다. "부드럽게 발을 딛는 사람이 더 멀리 간다."

상대방을 설득하는 방법 5

상대방이 즉시 '네.' 하고 대답하게 하라.

6 불평을 해소하는 안전밸브

대부분의 사람들은 상대방을 설득하고자 할 때 지나칠 정도로 자기 혼자서 떠들어대는 경향이 있다. 상대방이 말하게 하라. 그들이 당신보다 각자의 사업이나 문제에 대해서 더 많이 안다. 그러므로 그들에게 질문하고, 그들이 이야기하게 하라.

상대방과 같은 생각이 아니면 상대방이 말하는 중간에 끼어들고 싶은 마음이 들 것이다. 그러나 그렇게 하지 마라. 그것은 위험하다. 상대방은 할 말이 아직 많이 남아 있는 한 당신 말에 귀를 기울이지 않을 것이다. 그러므로 상대방의 말을 인내심을 가지고 열린 마음으로 잘 들어라. 진심으로 들어라. 상대방이 자기 생각을 다 말하도록 격려하라.

이러한 방법이 사업에서도 도움이 될까? 어쩔 수 없이 이 방법을 시도한 한 판매사원의 이야기를 한 번 들어보자.

미국의 최대 자동차 생산업체에서 1년 동안 사용할 시트용 직물에 대해 구매 협상을 하고 있었다. 세 군데의 이름 있는 회사들이 시트 직물 견본을 제출했다. 이 견본들을 자동차 생산업체의 중역들이 면밀히 검토했고, 각 제조업체에는 계약을 위한 마지막 발표 기회를 줄 테니 지정된 날짜에 발표할 사람을 파견해 달라고 각 업체에 통보했다.

그 업체들 중 한 곳의 대표인 G. B. R.은 심한 후두염을 앓는 상태에서 그곳에 도착했다. R 씨는 나의 강좌에서 그때의 이야기를 발표했다.

제 목소리가 중역들을 만날 즈음에는 아예 나오지 않았습니다. 속삭일 수도 없었지요. 저는 회의실에 들어가서 직물 담당 엔지니어, 구매 담당자, 판매 부장, 회사 사장님과 얼굴을 마주 대했습니다. 저는 일어나서 말을 하려고 무척 애를 썼지만 쉿소리밖에 나오지 않았어요.

그들은 모두 책상 주변에 둘러앉아 있었기 때문에 저는 종이에 써서 보여주었어요. "여러분, 지금 저는 목소리가 나오지 않아서 말을 하지 못합니다."

"그렇다면 제가 대신 말해도 될까요?" 하고 그 회사 사장이 말하더니 그가 제 대신 발표를 시작했습니다. 그는 우리 회사의 견본품을 보여주고 장점들을 칭찬했어요. 이어서 우리 제품의 장점에 대한 활발한 토론이 벌어졌습니다. 그 회사 사장은 제 대신 발표를 했기 때문에 토론에서 제 입장을 대변했어요. 저는 그저 미소 짓고 고개를 끄덕이며 몇 번 손동작만 취했을 뿐입니다.

이 특이한 회의의 결과로 우리 회사가 계약을 따내게 되었습니다. 50만 야드 이상이므로 그 값은 1백60만 달러에 달했습니다. 그때까지 제가 받은 주문 중 가장 큰 규모의 계약이었지요.

제 목소리가 쉬지 않았다면 그 계약을 따내지 못했을 거라는 것을 압니다. 그 건에 대해서 제가 잘못 알고 있었거든요. 저는 때로는 다른 사람이 말하게 하는 것이 얼마나 큰 이득인지를 아주 우연히 알게 되었습니다.

뉴욕의 한 신문에 특별한 능력을 갖춘 경력자를 찾는다는 광고가 경제면에 크게 실렸다. 찰스 T. 큐벨리스가 그 광고에 응해서 답신을 보냈다. 며칠 뒤 그는 인터뷰를 받으러 오라는 편지를 받았다. 그는 인터뷰를 받으러 가기 전에 월 가에 가서 몇 시간 동안 그 회사를 창립한 사람에 대해서 그가 찾아낼 수 있는 모든 정보를 찾았다. 그는 인터뷰 때 이렇게 말했다.

"이 회사처럼 역사가 있는 곳에 들어오면 굉장히 자랑스러울 것입니다. 저는 이 회사가 28년 전에 사무실

하나와 속기사 한 명으로 시작했다는 것을 알았습니다. 맞습니까?"

성공한 사람들 대부분은 자신이 초창기에 겪었던 어려움을 떠올리는 것을 좋아한다. 이 사람도 예외가 아니었다. 그는 자신이 현금 450달러와 독창적인 아이디어 하나로 어떻게 회사를 시작했는지 한참을 이야기했다. 하루에 12시간에서 16시간을, 일요일과 휴일에도 일하면서 실망과 조롱에 맞서 어떻게 싸워왔는지, 어떻게 지금까지 모든 어려움을 극복해서 마침내 월 가의 주요 경영진들이 자신에게 정보와 자문을 들으러 오게 되었는지 한참을 이야기했다. 그는 그러한 성과들을 자랑스럽게 여겼다. 그는 자랑할 만했고, 그것을 말하면서 굉장히 기뻐했다. 마침내 그는 큐벨리스 씨의 경력에 대해서 간단히 질문한 다음에 부사장을 불러 말했다.

"이분이 우리가 찾는 사람인 것 같소."

큐벨리스 씨는 자기의 고용주가 될 사람의 업적을 알기 위해서 노력했다. 그는 상대방과 그의 문제에 관심을 보였다. 상대방이 최대한 이야기하도록 격려했고 호감을 주었던 것이다.

캘리포니아 주 새크라멘토에 사는 로이 G. 브래들리는 이것과 정반대의 경험을 했다. 그는 자기 회사에 영업직으로 들어오고 싶어 하는 사람이 말하는 것을 잘 들었다. 로이 씨가 그 이야기를 전한다.

우리는 소규모 증권회사이기 때문에 입원이나 건강보험, 연금 같은 부가 혜택이 없었습니다. 각 대표들은 독립적인 중개인으로 활동하며, 대형 경쟁사들처럼 광고를 낼 수 없기 때문에 안내지도 제공하지 않습니다.

리처드 프라이어 씨는 우리가 원하던 경력자였어요. 그는 먼저 제 부하 직원과 인터뷰를 하면서 일과 관련된 모든 부정적인 면에 대해서 들었어요. 그가 사무실에 들어와서 처음에는 조금 실망한 기색이었지요. 저는 우리 회사에 들어오면 얻을 수 있는 한 가지 이익, 곧 독립적인 계약자로서 일하기 때문에 사실상 자가 경영을 할 수 있다고 말해 주었습니다.

그는 이러한 장점에 대해 말하면서, 자신이 처음 인터뷰를 받으러 들어왔을 때 가졌던 부정적인 생각들을 털어버리는 듯했어요. 마치 몇 번을 스스로에게 주입시키면서 충분히 생각하는 듯했지요. 가끔 저는 그의 생각에 몇 마디 더해 주고 싶었지만 참았습니다. 인터뷰가 거의 끝날 때쯤에는 그 스스로가 우리 회사에 입사하고 싶다고 확신하는 것을 느낄 수 있었습니다.

제가 잘 들어주면서 대부분 그가 말하게 두었기 때문

에, 그는 마음속으로 장점과 단점, 양면을 공정하게 따져볼 수 있었고, 결국에는 긍정적으로 결론을 내릴 수 있었습니다. 그것은 그 자신이 내린 하나의 도전이었지요. 우리는 그를 채용했고, 그는 우리 회사에서 훌륭하게 업무를 수행하고 있습니다.

여러분들도 우리가 우리의 업적을 자랑하는 이야기를 듣기보다 자신들이 성취한 것들을 더 말하고 싶을 것이다.

프랑스의 철학자 라 로슈푸코가 말했다. "적을 만들고 싶다면 친구들을 능가하고, 친구를 원한다면 그들이 당신을 능가하게 하라."

이 말이 왜 사실일까? 친구들이 나를 넘어서면, 그들은 자신들이 중요한 존재임을 느낀다. 그러나 내가 그들을 넘어서면 그들은, 아니면 최소한 그들 중 몇몇은 스스로 열등하다고 느끼고 나를 질투할 것이다.

상대방을 설득하는 방법 6

상대방이 더 많이 말하게 하라.

7 협력을 얻어내는 방법

당신은 별로 힘들이지 않고 건네받은 아이디어보다 당신 스스로 생각해낸 아이디어를 더 신뢰하지 않는가? 그렇다면 당신의 의견을 다른 사람들의 목에 들이밀려고 하는 것은 잘못된 생각이 아닐까? 제안만 하고 다른 사람이 스스로 생각해서 결론을 내리게 하는 것이 더 현명하지 않을까?

필라델피아에 사는 아돌프 셀츠는 자동차 대리점의 판매부장이자 나의 강의를 듣는 수강생인데, 낙심하고 지리멸렬한 자동차 판매사원들에게 열정을 심어주어야 할 필요성을 갑자기 깨달았다. 그는 판매사원들 회의를 소집해서 그들이 자신에게 기대하는 것이 정확히 무엇이냐고 물었다. 그들의 이야기를 들으면서 그는 칠판에 그들이 말한 내용을 적었다. 그가 다음과 같이 이야기했다.

"저는 여러분이 제게 기대하는 이 모든 조건들을 들어주겠습니다. 이제는 제가 여러분에게 기대할 수 있는 것들을 여러분이 말해 주시길 원합니다." 그들은 신속하게 대답했다. 성실, 정직, 자발성, 긍정성, 팀워크, 하루 8시간의 열정적인 근무 등의 의견이 나왔다. 회의는 새로운 용기와 새로운 자극을 주면서 끝이 났다. 한 판매사원은 하루에 14시간 일하겠다고 자원했다. 그 이후로 판매 실적이 놀랍게 늘었다고 셀츠 씨는 말했다.

셀츠 씨가 설명했다. "판매사원들은 저와 일종의 정신적인 합의를 본 것입니다. 그리고 제가 맡은 부분에 충실하게 부응하는 한 그들도 자신들이 맡은 부분에 충실히 부응하겠다고 결심했습니다. 그들의 바람과 소망들에 대해 서로 상의한 것이 그들에게 필요했던 주사를 한 방 맞게 한 것이었지요."

어떤 물건을 사거나 어떤 일을 하도록 설득당하는 것을 좋아하는 사람은 아무도 없다. 우리는 스스로 결정해서 물건을 사고, 스스로의 생각으로 행동하는 것을 더 좋아한다. 우리가 바라고 원하고 생각하는 것들에 대해서 말하는 것을 좋아한다.

유진 웨슨의 경우를 예로 들어보자. 그는 이 진리를 배우기 전에는 수수료로 받을 수 있는 수천 달러를 잃었다. 웨슨 씨는 직물 제조업자에게 디자인을 해주는 스튜디오에 또는 디자이너들에게 스케치를 팔았다. 그는 뉴욕의 유명한 디자이너에게 매주 한 번씩 3년 동안 찾아갔다. 웨슨 씨가 말했다. "그는 저를 만나기를 거절하지는 않았지만 스케치는 한 번도 사지 않았어요. 언제나 제가 가져간 스케치를 주의 깊게 보다가 말했죠. '아닙니다, 웨슨 씨. 오늘 보여주신 것은 우리하고 안 맞는 것 같습니다.'"

1백50번을 실패한 뒤에 웨슨 씨는 자신이 정신적으로 판에 박혀 있었다는 것을 깨닫고서는, 새로운 아이디어를 내고 새로운 열정을 발휘하는데 도움을 얻기 위해서 일주일에 하루 저녁은 인간 행동에 영향을 미치는 것들에 대해서 공부하기로 결정했다.

그는 새로운 방법으로 접근하기로 하고, 6점의 미완성 스케치를 팔에 끼고 고객의 사무실로 들어가서 말했다. "괜찮으시다면 부탁 좀 드리겠습니다. 여기 미완성된 스케치들이 있는데, 어떤 식으로 마무리하면 선생님이 쓰실 수 있겠는지 조언해 주시겠습니까?"

고객은 한동안 아무 말 없이 스케치를 바라보다가 말했다. "웨슨 씨, 며칠만 스케치들을 두고 가셨다가 다시 오시면 말씀해 드리겠습니다."

웨슨 씨는 3일 뒤에 다시 방문해서 고객의 제안을 듣고, 스케치를 가져와서 고객이 제안한 대로 마무리했다. 결과는 어땠을까? 모든 스케치를 팔았다.

그 뒤로 그 고객은 웨슨 씨에게 스케치 수십 개를 더 주문했고 모두 고객의 제안에 따라서 제작되었다. 웨슨 씨가 말했다. "제가 왜 수년 동안 그에게 스케치를 팔지 못했는지 깨달았습니다. 저는 제가 생각한 것을 고객이 사야만 한다고, 고객에게 사라고 강요했던 거예요. 나중에 저는 접근 방식을 완전히 바꿔서 고객의 생각을 물었어요. 그것이 고객에게 고객 자신이 디자인을 한다는 느낌을 주었고, 실제로 고객이 디자인한 것이나 다름없었지요. 저는 고객에게 팔려고 할 필요도 없었어요. 고객이 샀으니까요."

다른 사람이 어떤 아이디어를 자기 것으로 느끼게 만드는 일은 사업이나 정치에서와 마찬가지로 가정생활에서도 도움이 된다. 오클라호마 주 털사에 사는 폴 M. 데이비스가 이 원칙을 어떻게 적용했는지를 강의 시간에 발표했다.

우리 가족은 지금까지 보냈던 휴가 중에서 가장 흥미로운 휴가를 즐겼습니다. 저는 게티즈버그의 남북전쟁 격전지나 필라델피아에 있는 독립기념관, 미국의 수도 등 역사적인 명소들의 답사를 오랫동안 꿈꿔왔습니다. 밸리 포지와 제임스타운, 윌리엄즈버그의 식민지 촌락은 제가 가보고 싶은 곳 목록에서 제일 위에 있었지요.

3월에 아내 낸시가 여름휴가에 대한 생각을 말했어요. 아내의 계획에는 뉴멕시코와 애리조나, 캘리포니아, 네바다 주의 관심 지역을 방문하면서 서부 지역을 도는 것이었어요. 아내는 이 여행을 몇 년 동안 원했었죠. 그러나 분명히 우리는 동부와 서부, 두 지역을 다 돌 수는 없었어요.

딸 앤은 바로 얼마 전에 중학교에서 미국사 수업을 들었기 때문에 미국의 발전에 기여한 사건들에 대해 큰 관심을 갖고 있었어요. 저는 딸에게 이번 휴가 때에는 학교에서 배운 장소들에 가보는 게 어떻겠냐고 물었어요. 딸은 꼭 그러고 싶다고 말했어요.

이틀 뒤에 우리 가족은 저녁 식탁 앞에 모였어요. 아내는 가족이 모두 동의하면 여름휴가는 동부 지역으로 갈 것이고, 그러면 앤과 모험을 좋아하는 가족 모두에게 아주 좋을 것이라고 말했어요. 우리는 모두 동의했지요.

랠프 왈도 에머슨은 《자기 신뢰》라는 에세이에서 이렇게 말했다. "우리는 천재의 작품에서 우리 자신이 거부한 생각들을 발견한다. 그것들은 어떤 위엄을 갖추고 우리에게 당당하게 돌아온다."

에드워드 M. 하우스 대령은 우드로 윌슨이 백악관에

있을 때 국내외 일에 엄청난 영향력을 행사했다. 윌슨 대통령은 내각 관료들보다 하우스 대령과의 비밀 회담과 그의 조언을 더 의지했다.

하우스 대령은 어떻게 대통령에게 영향을 미칠 수 있었을까? 다행히도 그가 직접 아서 D. 스미스에게 밝혔고, 스미스 씨는 <새터데이 이브닝 포스트> 지에 그것을 인용했기 때문에 우리는 그 답을 알 수 있다.

> 하우스 대령이 말했다. "대통령과 알게 된 뒤로 나는 대통령의 생각을 바꾸는 최선의 방법을 터득하게 되었다네. 그건 대통령에게 어떤 의견을 슬며시 내비친 다음, 대통령 자신이 그 의견에 관심을 갖고 스스로 그것을 숙고하게 하는 것이라네. 맨 처음에 이 방법을 알게 된 것은 아주 우연이었네. 내가 백악관에 대통령을 만나러 가서 어떤 정책을 촉구하려고 했는데, 그는 그 정책에 동의하는 것 같지 않았어. 그런데 며칠 뒤에 대통령과 저녁을 먹는 자리에서, 전에 내가 제안했던 정책을 마치 대통령 스스로 생각해낸 것처럼 말해서 깜짝 놀랐다네."

하우스 대령이 대통령의 말을 끊고 이렇게 말했을까? "그것은 대통령의 생각이 아닙니다. 제가 제안했던 것입니다." 아니다. 하우스 대령은 그렇게 하지 않았다.

그는 매우 노련했던 것이다. 그는 자신이 인정받는 것에 신경 쓰지 않았다. 결과를 얻길 원했다. 그래서 윌슨 대통령이 그 생각이 자기 것이라고 계속 생각하게 두었다. 그리고 그는 더 나아가서, 윌슨 대통령이 그러한 생각을 한 것 때문에 국민으로부터 인정을 받게 했다.

우리가 만나는 모든 사람이 우드로 윌슨과 똑같은 사람이라는 사실을 기억하자. 그리고 하우스 대령이 사용했던 기술을 사용하자.

캐나다 뉴브런즈윅의 아름다운 지방에 사는 한 남자는 나에게 이 기술을 사용해서, 나를 단골로 만들었다. 그때 나는 뉴브런즈윅에서 낚시를 하고 카누를 탈 계획이었다. 그래서 나는 관광 안내소에 편지를 써서 문의했다. 나의 이름과 주소가 우편물 수신자 명단에 올라가게 된 게 분명했다. 왜냐하면 곧 나의 집으로 수많은 편지와 야영장 안내책자, 추천장들이 날아왔던 것이다. 나는 어느 곳을 선택해야 할지 몰랐다.

그때 한 야영장 주인이 영리한 방법을 썼다. 자신의 야영장에 묵었던 뉴욕 시민의 이름과 전화번호를 보내주었고, 내가 직접 그들에게 전화를 걸어서 원하는 정보를 알아내라고 했다. 나는 그 이름과 주소 목록에서 아는 사람을 한 명 발견하고는 놀랐다. 나는 그에게 전화를 걸어서 그가 야영장에서 경험한 일들에 대해서 들었고, 그 다음에 야영장에 직접 전화해서는 내가 도착할 날짜를 알렸다.

다른 사람들은 나에게 서비스를 팔려고 했지만 단 한 사람은 나 스스로 그것을 사게 만들었던 것이다. 그 사람의 회사가 성공했다.

2천5백 년 전에 중국의 현자였던 노자는 오늘날 독자에게도 유용한 다음과 같은 말을 했다.

"강과 바다가 산에서 흘러내리는 수많은 시냇물에게 존경을 받는 이유는 시냇물보다 아래에 있기 때문이다. 그래서 강과 바다는 산의 모든 시냇물을 지배할 수 있다. 그러므로 현자는 사람들 위에 있고 싶으면 스스로 사람들 아래에 있어야 하고, 사람들 앞에 서고 싶으면 스스로 사람들 뒤에 서야 한다. 그렇게 하면 사람들 위에 있어도 그들을 무겁게 하지 않고, 사람들 앞에 있어도 그들에게 무례하다고 여겨지지 않는다."

상대방을 설득하는 방법 7

당신의 생각을 상대방이 자신의 생각이라고 느끼게 하라.

8 기적을 일으키는 공식

다른 사람들이 전적으로 틀릴 수 있지만, 그들은 자신이 틀렸다고 생각하지 않는다는 점을 명심하라. 다른 사람들을 비난하지 마라. 바보는 그렇게 할 수 있다. 그러나 당신은 다른 사람들을 이해하려고 노력하라. 오직 지혜롭고 참을성 있으며 비범한 사람들만이 그렇게 하려고 노력한다. 다른 사람이 일정한 방식으로 생각하고 행동하는 데에는 어떤 이유가 있다. 그 이유를 찾아내라. 그러면 당신은 그의 행동을, 어쩌면 그의 성격을 이해하는 열쇠를 얻을 수 있다.

진심으로 상대방의 입장에 서보려고 노력하라.

'내가 그라면, 나는 어떻게 느끼고 어떻게 반응할까?' 하고 스스로 말해 보면, 시간을 절약할 수 있고 화도 나지 않을 것이다. 왜냐하면 '원인에 관심을 가지면 결과에 대해서 덜 싫어하게 될' 것이기 때문이다. 거기에 더해서 인간관계의 기술이 크게 증가할 것이다.

케네스 M. 구드가 자신의 책《사람을 황금처럼 귀하게 만드는 법》에서 말했다.

잠깐 멈춰라. 잠깐 멈춰서 당신이 높은 관심을 갖는 자신의 일과 상대적으로 그다지 신경을 쓰지 않는 다른 사람의 일들을 생각해 보라. 그리고 세상의 모든 사람들이 당신과 똑같이 생각한다는 사실을 깨달아라. 그러면 당신은 링컨이나 루스벨트와 마찬가지로 인간관계의 견고하고 유일한 기초를 다지게 될 것이다. 다시 말해 사람을 다루는데 있어서의 성공은, 다른 사람의 입장을 얼마나 잘 이해하느냐에 달려 있다는 것이다.

뉴욕 주 햄프스테드에 사는 샘 더글러스는 아내에게 그녀가 잔디를 돌보는데 시간을 너무 많이 허비한다고 잔소리를 했다. 그는 아내에게, 그녀가 잡초를 뽑고 비료를 주고 일주일에 두 번씩 잔디를 깎고 있지만 자신들이 4년 전에 이사 왔을 때보다 더 나아보이지도 않는다고 말했다. 당연히 아내는 남편의 이러한 지적을 싫어했고, 남편이 지적할 때마다 집안 분위기는 나빠졌다.

더글러스 씨는 나의 강의를 들은 뒤로, 자신이 그동안 얼마나 어리석었는지 깨달았다. 아내가 그 일을 얼마나 즐거워하는지, 부지런하다고 칭찬했다면 얼마나 좋아했을까를 그는 한 번도 생각해 보지 못했다.

어느 날 그의 아내가 저녁을 먹은 뒤에, 잡초를 뽑으

러 가는데 함께 가자고 그에게 청했다. 그는 처음에는 거절했지만 곧 함께 가는 게 좋겠다고 생각하고는 아내와 함께 나가서 잡초 뽑는 일을 도왔다. 아내는 눈에 띄게 좋아했고, 1시간 동안 두 사람은 열심히 잡초를 뽑으며 즐겁게 대화를 나눴다.

그 다음부터 그는 종종 아내가 뜰을 가꾸는 일을 도우면서, 잔디가 참 훌륭하며 딱딱한 땅을 참으로 멋있게 잘 가꾸었다고 칭찬했다. 그 결과 두 사람은 더 행복해졌다. 그가 아내의 입장에서 사물을 보는 법을 배웠기 때문이다. 그것이 단지 잡초일 뿐이었음에도 말이다.

제럴드 S. 니렌버그 박사는 자신의 책《사람들에게 다가가기》라는 책에서 다음과 같이 지적했다.

"대화에서 협력은 당신이 상대방의 생각과 느낌을 당신 것만큼이나 중요하게 여긴다는 것을 보여줄 때 이루어진다. 상대방에게 대화의 목적과 방향을 알려주고, 당신이 듣고 싶은 말에 따라서 말을 조절하면서 상대방의 관점을 받아들이면, 상대방은 마음을 열고 당신의 생각을 듣게 될 것이다."

나는 집 근처 공원에서 산책하고 승마하는 것을 좋아했다. 고대 갈리아 지방의 켈트교 사제인 드루이드들처럼 떡갈나무를 숭배하다시피 하는 나는, 해마다 불필요한 불로 어린 나무와 관목들이 사라지는 것이 몹시 괴로웠다. 그 불들은 부주의한 흡연자들 때문에 일어나는 것이 아니라 대부분 청소년들이 공원 나무 아래에서 소시지나 달걀 요리를 해먹다가 낸 불이었다. 때때로 이렇게 발생한 불이 크게 번져 소방서에서 출동해야 했다.

공원에서 불을 피우는 사람은 벌금을 물고 구속될 수 있다는 팻말이 있었지만, 사람들이 잘 다니지 않는 곳에 세워져 있어서 그것을 보는 사람은 거의 없었다. 기마경찰이 공원을 지켜야 했다. 그러나 기마경찰은 자신의 의무를 심각하게 여기지 않았고, 불은 해마다 계속 번졌다. 한 번은 내가 경찰에게 달려가서 공원에 불이 빠르게 퍼지고 있으니까 소방서에 알려달라고 했다. 그러나 그는 그곳은 자기 구역이 아니므로 자기와는 상관없는 일이라고 무심하게 대답했다.

나는 절망스러웠다. 그래서 그 뒤로 나는 공원에 말을 타고 갈 때면 공공 지역을 보호하도록 스스로 임명을 받은 사람처럼 행동했다. 처음에는 다른 사람의 입장에서 볼 시도도 하지 못했다. 나무 아래서 불길이 타오르는 것을 보면, 나는 기분이 몹시 상한 나머지, 옳은 일을 하겠다는 갈망에 휩싸여 잘못을 저질렀다. 나는 말을 타고 소년들에게 가서 불을 내면 감옥에 갈 수 있다고 경고했고, 권위적인 목소리로 불을 끄라고 명령했다. 아이들이 불을 끄지 않으면 체포하겠다고 위협했다. 나는 아이들의 입장을 생각하지 않고 그저 내 감정만 풀어놓았던 것이다. 결과는 어땠을까? 아이들은 내 말에 따랐다. 부루퉁하고 불쾌해하면서 따랐다. 내가 말을 타고 언덕을 넘어가면, 아마도 아이들은 다시 불을 피워 공원 전체를 타 태워버리고 싶었을 것이다.

세월이 흘러 나는 인간관계에 대해서 많은 지식과 약간의 요령, 다른 사람의 입장에서 사물을 볼 수 있는 습관을 어느 정도 갖게 되었다. 그래서 불길이 일어나는 곳으로 말을 타고 가면 명령하기보다 다음과 같이 말하게 되었다.

"얘들아, 좋은 시간 보내고 있니? 저녁으로 무엇을 요리하고 있니? ……나도 너희처럼 어릴 땐 불을 피우고 싶었지. 사실은 지금도 그러고 싶단다. 그러나 공원에서 불을 피우는 것은 아주 위험하단다. 나는 너희들이 나쁜 마음이 없다는 것을 알지만 다른 아이들은 너희처럼 조심하지 않는단다. 너희가 불을 피운 것을 보고 다른 아이들도 따라했다가 집에 갈 때는 불을 끄지 않고 가거든. 그러면 불씨가 마른 나뭇잎으로 옮겨 붙어서 숲이 다 타버린단다. 조심하지 않으면 여기 나무들이 남아나지 않을 게다. 그리고 너희가 불을 피웠다고 해서 감옥에 갈 수도 있어. 하지만 나는 너희가 즐겁게 노는데 참견하고 싶지는 않아. 너희가 즐기는 것이 보기 좋단다. 그래도 지금 바로 불 근처의 나뭇잎들을 다 치우지 않겠니? 그리고 떠나기 전에 불씨를 흙으로 완전히 덮어두고 가면 좋겠구나. 다음번에는 저 언덕 너머 모래밭에서 불을 피우면 어떻겠니? 거기는 위험할 일이 없을 게다. ……고마워, 얘들아. 즐거운 시간 보내라."

이런 식의 말이 얼마나 큰 차이가 나는지! 아이들이 협력하고 싶게 만들었다. 부루퉁하거나 분개하는 일도 없었다. 아이들은 명령에 복종하도록 강요받지 않았다. 아이들은 체면이 깎이지도 않았다. 내가 아이들의 입장에서 상황을 살펴보았기 때문에 아이들의 기분도 좋고 나도 기분이 좋았다.

상황을 상대방의 시각에서 본다면, 개인적인 문제들에 억눌릴 때 긴장을 완화하는데 도움이 된다. 앞으로는 불을 꺼달라거나 제품을 사달라거나 자선단체에 기부해 달라고 요청하기 전에 잠시 눈을 감고 상황을 상대방의 입장에서 다시 생각해 보면 어떨까? 자신에게 물어라. "상대방은 왜 이렇게 하기를 원할까?" 사실 시간이 걸리지만, 그렇게 하면 적이 생기지 않고 더 좋은 결과를 낳는다. 더불어 마찰이나 적개심도 덜 발생한다.

"나는 상대방의 관심과 동기 그리고 그가 어떻게 대답할지에 대해 분명히 알기 전에는 면담하러 곧바로 들어가지 않고 근처를 2시간 동안 걸으며 생각하겠다."라고 하버드 경영대학원 학장 던햄이 말했다.

이것은 매우 중요하기 때문에 강조하는 차원에서 다시 한 번 말하겠다.

"나는 상대방의 관심과 동기 그리고 그가 어떻게 대답할지에 대해 분명히 알기 전에는 면담하러 곧바로 들어가지 않고 근처를 2시간 동안 걸으며 생각하겠다."

만약 당신이 이 책을 읽어서 한 가지를 얻는다면, 즉 언제나 상대방의 관점에서 생각하고 당신의 시각에서뿐만 아니라 상대방의 시각에서 사물을 본다면, 그것은 당신의 인생에 디딤돌이 될 것이다.

상대방을 설득하는 방법 8

상대방의 입장에서 사물을 보려고 진심으로 노력하라.

9 모든 사람이 원하는 것

논쟁을 멈추게 하고 좋지 않은 기분을 사라지게 하며 호의를 불러일으키고, 상대방이 내 말에 주의를 기울이게 하는 마법의 문장을 갖고 싶지 않은가?

그렇다고? 좋다. 여기 그 마법의 문장이 있다. "당신이 그렇게 생각하는 것도 당연합니다. 제가 당신이었다면 틀림없이 저도 당신과 똑같이 생각했을 것입니다."

이러한 말은 가장 심술궂은 악당의 마음도 풀게 만들 것이다. 당신이 상대방의 입장이 되면 당신도 그와 똑같이 하려고 할 것이기 때문에 당신은 100퍼센트 진실하게 그렇게 말할 수 있다.

알 카포네의 예를 들어보자. 당신이 알 카포네와 같은 신체와 기질, 정신을 가졌다고 가정해 보라. 당신이 그와 같은 환경에서 자라고 그와 같은 경험을 했다고 가정해 보라. 그렇다면 당신은 정확히 그와 같을 것이고, 그와 같은 위치에 있을 것이다. 왜냐하면 현재의 그를 만드는 것은 바로 신체와 기질, 정신 그리고 환경과 경험이기 때문이다. 일례로 당신이 지금 방울뱀이 아닌 이유는 당신의 부모가 방울뱀이 아니기 때문이다.

당신은 현재 당신의 상태에 대해서 평가받을 만한 자격이 거의 없다. 그리고 당신에게 화를 내며 편견을 갖고 행동하는 사람들도, 현재 그들의 상태에 대해서 비난받을 만한 이유가 거의 없다. 불쌍한 악당들을 가엾게 여겨라. 그들을 동정하라. 그들에게 공감을 표현하라. 그리고 당신 자신에게 말하라. "하느님의 은총이 없었다면, 저기 가고 있는 사람이 바로 나일 것이다."

당신이 만날 사람들의 4분의 3은 호의에 굶주리고 목마른 사람들일 것이다. 그들에게 호의를 베풀라. 그러면 그들이 당신을 사랑할 것이다.

나는 《작은 아씨들》의 저자 루이자 메이 올컷에 대해서 방송을 한 적이 있었다. 당연히 나는 그녀가 매사추세츠 주 콩코드에 살면서 불후의 명작들을 저술한 것을 알았다. 그런데 나는 별 생각 없이 뉴햄프셔 주의 콩코드에 있는 그녀의 집을 방문했다고 말했다. 내가 뉴햄프셔를 한 번만 말했다면 그래도 용서받을 수 있었을 것이다. 그러나 아아! 두 번이나 말했다.

무방비 상태의 내 머리를 빙 둘러서 쏘아대는 말벌 떼처럼 신랄한 메시지들을 담은 편지와 전보들이 쇄도

했다. 많은 사람들이 분개했다. 몇몇은 모욕적인 말을 했다. 매사추세츠 주 콩코드에서 자랐고, 지금은 필라델피아에서 사는 한 부인은 내게 맹렬한 분노를 터뜨렸다. 내가 올컷 여사를 뉴기니 출신 식인종이라고 비난했어도 그보다 더 심하게 분노할 수는 없었을 것이다.

나는 편지를 읽으며 이렇게 말했다. "하느님, 감사합니다. 제가 이 여자와 결혼하지 않게 해주셔서 감사합니다." 나는 그녀에게 당장 편지를 쓰고 싶었다. 내가 비록 지명을 잘못 말하는 실수를 저질렀지만, 예의에 어긋나는 그녀의 행동이 훨씬 더 큰 실수를 저질렀다고 말하고 싶었다. 이 정도는 시작에 불과하고 나는 본격적으로 소매를 걷어붙이고 정말 내 생각을 말해 주고 싶었다. 그러나 그렇게 하지 않았다. 스스로 자제했다. 성급한 바보는 모두 그렇게 할 수 있고, 대부분의 바보들은 그렇게 할 것임을 알았기 때문이다.

나는 바보처럼 행동하고 싶지는 않았다. 그래서 그녀의 적개심을 호의로 바꾸어보기로 결심했다. 그것은 일종의 도전, 게임과 같은 것이었다. 나 자신에게 말했다. "어쨌든, 내가 그녀였다면 나도 그녀처럼 생각했을 거야." 그래서 나는 그녀의 견해에 공감하려고 결심했다. 그리고 필라델피아에 갔을 때 그녀에게 전화를 걸었다.

우리는 다음과 같이 통화를 했다.

나 : 아무개 부인, 몇 주 전에 제게 편지를 보내셨죠? 그것에 대해 감사합니다.

그녀 : (예리하면서 교양 있고 점잖은 목소리로) 전화 거신 분은 누구시죠?

나 : 생소하실 겁니다. 저는 데일 카네기입니다. 부인은 몇 주 전에 제가 루이자 메이 올컷 여사에 대해서 방송하는 것을 들으셨어요. 거기서 제가 그녀가 뉴햄프셔 주 콩코드에서 살았다고 말하는 용서받지 못할 실수를 저질렀고요. 정말 어리석은 실수였습니다. 그래서 저는 사과드리고 싶습니다. 제게 시간을 내서 편지까지 써주셨으니 정말 친절하십니다.

그녀 : 카네기 씨, 제가 그렇게 편지를 써서 죄송합니다. 그때는 화가 났었습니다. 사과드립니다.

나 : 아니, 아닙니다. 용서를 구할 사람은 부인이 아닙니다. 제가 용서를 구합니다. 어린 아이도 다 알았을 것을 제가 잘못 말했습니다. 제가 그 다음 주 방송에서 사과를 했지만, 지금은 부인께 개인적으로 용서를 구합니다.

그녀 : 저는 매사추세츠 주 콩코드에서 태어났어요. 저의 가족은 2세기 동안 매사추세츠 주에서 이름 있는 집안이었기 때문에 저는 제가 태어난 주에 대해서 굉장히 자부심을 갖고 있어요. 그런데 당신이 올컷 여사가 뉴햄프셔 주에서 살았다고 말씀하시는 것을 듣고는 굉장히 속상했답니다. 그렇기는 해도 그 편지에 대해서는 정말 부끄럽게 생각합니다.

나 : 저도 마음고생이 무척 컸음을 말씀드리지 않을 수 없군요. 저의 실수가 매사추세츠의 이름에 누가 되지는 않았겠지만 제 자신에게 깊은 상처를 남겼습니다. 부인처럼 지위와 교양 있는 분이 방송을 하는 사람들에게 시간을 내서 편지를 쓰는 일이 쉽지는 않겠지만, 앞으로도 많은 관심과 지도 부탁드립니다.

그녀 : 제 비판을 받아들여주시니 정말 기쁩니다. 당신은 분명히 아주 좋은 사람일 겁니다. 당신에 대해서 더 알고 싶네요.

이처럼 내가 사과하고 그녀의 입장에 공감을 표현했기 때문에 그녀도 사과하고 내 입장에 공감을 표했다.

나는 화를 자제하고 모욕을 친절로 갚은 것에 만족했다. 나는 그녀에게 강에나 뛰어들라고 말하는 대신에 그녀가 나를 좋아하게 만든 것에서 훨씬 즐거움을 얻었다.

미국 대통령들은 거의 날마다 인간관계에서 골치 아픈 문제들에 직면했다. 태프트 대통령도 예외가 아니었는데, 그는 악감정을 중화시키는데 동정이 얼마나 가치 있는지를 경험으로 배웠다. 태프트 대통령은 자신의 책 《공직자의 윤리》에서 야심 차지만 실망한 한 어머니의 화를 어떻게 가라앉혔는지를 재미있게 묘사했다.

> 워싱턴에서 정치적으로 영향력 있는 남편을 둔 한 여성이 나를 찾아와서 자신의 아들에게 자리를 하나 내어 달라고 6주 이상을 간청했다. 그녀는 엄청난 수의 상원의원과 하원의원들도 함께 데리고 와서 특별히 부탁한다고 전했다. 그녀가 요구하는 자리는 전문 지식을 갖추고, 해당 부서장의 추천이 있어야 했기 때문에 나는 그 자리에 다른 사람을 임명했다.
>
> 그 후로 나는 그 어머니로부터 편지를 한 통 받았는데, 내가 마음만 먹으면 자신을 기쁘게 해줄 수 있는 일을 거절했기 때문에, 나는 세상에서 가장 배은망덕한 사람이라는 내용이었다. 그녀는 거기에 더해, 자신이 주 의회의원들을 열심히 설득해서 내가 특별히 관심을 가지

고 추진하던 법안이 통과될 수 있도록 도왔는데, 그것에 대한 보답이 겨우 이것이냐는 불평도 했다.

이러한 편지를 받으면 처음 드는 생각이, 이렇게 부도덕하고 무례하기까지 한 사람을 어떻게 하면 엄하게 다룰 수 있을까 하는 것이다. 그런 다음에는 편지를 쓸 것이다. 하지만 당신이 현명한 사람이라면 편지를 서랍에 넣고 잠가버린 다음에 이틀 뒤-이러한 편지는 답장이 오가는데 이틀 정도의 시간이 걸린다.-에 꺼내보면 결국은 부치지 않게 될 것이다. 이것이 내가 취한 방법이다.

그런 다음 최대한 정중하게 다시 답장을 썼다. 나는 그러한 상황에서 어머니가 느꼈을 실망감을 잘 알지만 사람을 임명하는 것은 단순히 내 개인적인 판단에 의해서 이루어지는 것이 아니고, 전문적인 자질을 갖춘 사람이 필요하기 때문에 부서장의 추천을 따라야 한다고 썼다. 그리고 그녀의 아들이 지금의 위치에서도 충분히 그녀가 바라는 바를 이루어줄 것이라고도 적었다. 이 편지는 그녀의 마음을 누그러뜨려서, 그녀는 전에 쓴 편지에 대해서 미안하다고 다시 내게 편지를 보냈다.

그러나 그 자리에 대한 임명안이 바로 승인되지 않고 시간이 지체되는 사이에, 그녀의 남편이 썼다고 하는 편지를 또 한 통 받았는데 예전에 그 부인이 쓴 편지와 필체가 같았다. 편지 내용은, 이번 일에 대한 실망감으로 아내가 신경쇠약에 걸려서 몸져누웠으며, 위암 증세가 발견되었다는 것이었다. 그러니 내가 처음 임명한 사람을 철회하고 자신의 아들을 대신 임명해 줌으로써 아내의 건강을 회복시켜줄 수 없겠느냐고 했다.

나는 이번에는 그녀의 남편에게 답장을 써야 했다. 위암 진단이 오진이기를 바라며, 병중에 있는 아내를 돌보는 남편의 슬픔을 이해하지만 제출한 임명안을 철회할 수는 없다고 썼다. 결국 임명안은 원안대로 승인되었다.

그로부터 이틀 뒤에 백악관에서 작은 음악회가 열렸다. 그곳에서 나와 내 아내에게 맨 처음 인사를 건넨 사람은 바로 그 남편과 병중에 있다던 부인이었다.

미주리 주 세인트루이스에서 피아노 교사를 하는 조이스 노리스는 피아노 교사들이 십대 소녀들과 종종 부딪히는 문제들을 자신이 어떻게 다뤘는지 설명했다. 바베트는 손톱을 굉장히 길렀다. 이것은 피아노를 연주하는데 방해가 되었다. 노리스 부인이 이야기했다.

저는 그 아이의 긴 손톱이 피아노를 잘 치고자 하는 갈망에 방해가 된다는 것을 알았지요. 피아노를 처음 가르치기에 앞서 아이와 상담을 할 때 저는 손톱에 대해서 아무 말도 하지 않았어요. 저는 아이가 레슨을 포기하는 것을 원치 않았고, 또 아이가 예쁘게 보이기 위해서 정성스럽게 다듬고 아주 자랑스럽게 여기는 손톱을 자르고 싶어 하지도 않을 것을 알았어요. 첫 레슨을 하고 난 뒤에 저는 그때가 좋은 때라 생각하고 말했어요.

"바베트, 손이 참 예쁘고 손톱도 아름답구나. 네가 피아노를 잘 치고 싶어 한다면 너는 자신도 놀랄 정도로 빨리 그리고 쉽게 잘 칠 수 있을 거야. 손톱을 조금만 짧게 다듬는다면 말이야. 한 번 생각해 보렴, 알겠니?"

바베트는 아주 부정적인 표정을 지었어요. 저는 아이의 엄마에게도 이러한 상황에 대해서 이야기를 했어요. 아이의 손톱이 예쁘다는 이야기도 빼놓지 않았고요. 아이 엄마도 부정적인 반응을 보이더군요. 바베트는 예쁘게 손질된 손톱을 아주 중요하게 생각하고 있다는 게 분명했어요.

다음 주에 바베트가 두 번째 레슨을 받으러 왔어요. 놀랍게도 바베트는 손톱을 다듬고 왔어요. 저는 그런 희생을 한 바베트를 칭찬했어요. 아이 어머니에게도 바베트가 손톱을 자르도록 말씀해 주어 고맙다고 했지요. 그러자 아이의 어머니가 대답했어요.

"오, 저는 아무것도 한 게 없어요. 바베트 혼자서 그렇게 하기로 결정했어요. 이렇게 아이가 다른 사람을 위해 손톱을 깎은 것은 처음이에요."

노리스 부인이 바베트를 위협하거나 그렇게 손톱이 긴 학생은 가르칠 수 없다고 거절했는가? 아니다. 그녀는 바베트의 손톱이 아름다우며, 그 손톱을 깎는 일이 일종의 희생과 같을 것임을 인정해 주었다. 노리스 부인은 이렇게 암시했던 것이다. '나도 네 마음을 알아. 그게 쉽지 않다는 것을 알지만 그렇게 하면 피아노를 더 잘 칠 수 있을 거야.'

아더 I. 게이츠 박사는 그의 훌륭한 저서 《교육 심리학》에서 이렇게 말했다.

"보편적으로 인간은 동정을 갈망한다. 아이는 상처를 열심히 보여주고, 심지어는 동정심을 많이 얻으려고 베이거나 멍이 들게 한다. 어른들도 그러한 목적으로 멍든 상처를 보여주고, 사고나 병, 특히 수술받은 것에 대해서 자세히 말한다. 사실이건 상상이건, 불행에 대한 '자기 연민'은 사실상 모두가 어느 정도는 갖고 있다."

그러므로 사람들을 당신이 생각하는 대로 설득하려면, 다음과 같이 해보라!

상대방을 설득하는 방법 9

상대방의 생각과 욕구에 공감을 표현하라.

10 모든 사람이 좋아하는 호소법

나는 제시 제임스가 살았던 미주리 주 변두리에서 자랐고, 미주리 주 커니에 있는 제임스의 농장에 가보았다. 그곳에는 제시 제임스의 아들이 살고 있었다. 그의 아내가 제시가 어떻게 기차를 강탈하고 은행을 털어서 이웃 농부들에게 대출금을 갚도록 돈을 나누어주었는지 이야기해 주었다.

제시 제임스는 몇 세대 후에 더치 슐츠나 '쌍권총' 크로울리, 알 카포네 또는 다른 많은 조직적인 범죄자 '대부' 들이 그랬던 것처럼 아마도 자신을 이상주의자로 여겼던 것 같다. 당신이 만나는 모든 사람은 자신을 높이 평가하고 있으며, 스스로를 훌륭하고 이타적이라고 생각하고 싶어 하는 게 사실이다.

J. 피어폰트 모건은 자기분석적인 그의 작품에서, 사람은 보통 어떤 한 가지 일을 하는데 두 가지 이유가 있다고 말했다. 하나는 그럴듯해 보이는 이유이고 또 하나는 진짜 이유라고 말이다.

당사자만이 진짜 이유를 생각할 것이다. 당신이 그것

을 강조할 필요는 없다. 하지만 모든 인간은 마음으로는 이상주의자이기 때문에 그럴듯하게 보이는 동기들에 대해서도 생각하고 싶어 한다. 그러므로 사람들을 변화시키려면 좀 더 고상한 동기에 호소하라.

이것을 사업 영역에 적용하기에는 너무 이상적일까? 예를 들어보자. 펜실베이니아 주 글레놀덴에 있는 파렐 미첼사의 사장인 해밀턴 J. 파렐의 경우를 한 번 살펴보자. 파렐 씨에게는 이사 가겠다고 위협하는 불만스러운 세입자가 있었다. 그 세입자의 계약일은 아직 4개월이 남아 있었다. 그런데도 그는 계약서와 상관없이 즉시 나가겠다고 알렸다.

파렐 씨는 나의 강의 시간에 그 이야기를 전했다.

그 사람은 일 년 중 가장 비쌀 때인 겨울 내내 저의 집에서 살았어요. 그가 그때 나가면 저는 가을까지 아파트를 다시 세놓기는 어렵다는 것을 알았어요. 임대 수입이 사라질 게 훤히 보였죠. 저는 무척 화가 났습니다.

보통 이런 경우라면 저는 세입자와 다투며 계약서를 다시 읽어보라고 했을 것입니다. 그래도 그가 나가겠다면 임대료 잔액 전체를 한 번에 내야 한다고 요구하고, 저는 그렇게 할 권한이 있으며 또 그렇게 조치를 취하겠다고 통보했을 겁니다.

그러나 저는 그렇게 화를 내며 소란을 피우는 대신에 다른 전략을 시도하겠다고 결심했어요. 제가 이렇게 말했습니다. "도우 씨, 당신 이야기를 들었어요. 그런데 정말 나가려고 하신다는 게 믿어지지 않는군요. 수년간 임대 사업을 하다 보니 사람들에 대해서 뭔가 알게 되더군요. 저는 당신을 처음 보았을 때 약속을 잘 지키는 사람이라는 것을 알았어요. 너무나 확신이 들었기 때문에 저는 기꺼이 내기라도 하고 싶은 마음이었어요.

이제 제가 제안을 하겠습니다. 집을 나가겠다는 결정을 며칠만 보류하고 더 생각해 주십시오. 다음 달 1일, 임대료를 내야 하는 날에 당신이 다시 나가겠다고 하면, 당신의 결정을 받아들이겠다고 약속드리지요. 당신 뜻대로 하도록 하고 사람을 보는 제 판단이 틀렸다는 것을 인정하겠습니다. 그러나 저는 여전히 당신이 약속을 잘 지키는 사람이고, 계약 기간을 채울 것이라고 믿습니다. 우리가 사람이 되느냐 원숭이가 되느냐의 선택은 어쨌든 우리 자신이 하는 것이니까요."

다음 달이 되자 그 남자는 저를 찾아와서 임대료를 직접 주었어요. 그는 아내와 함께 이야기해 보고는 더 살기로 결정했다고 말했어요. 그들은 명예를 지키는 유일한 길이 계약 기간을 지키는 것이라고 결론을 내렸던 것입니다.

고 노스클리프 경은 공개하고 싶지 않은 자신의 사진이 신문에 나온 것을 발견하고, 편집장에게 편지를 썼다. 그런데 그가 "그 사진을 더 이상 사용하지 마십시오. 저는 그 사진이 마음에 들지 않습니다."라고 썼을까? 아니다. 그는 좀 더 고상한 동기에 호소했다. 우리 모두에게 있는 어머니를 향한 존경과 사랑에 호소했다. 그는 다음과 같이 썼다. "더 이상 그 사진을 사용하지 마십시오. 제 어머니가 그 사진을 좋아하지 않습니다."

존 D. 록펠러 2세가 사진기자들이 자신의 아이들을 쫓아다니며 사진을 찍을 때, 사진을 찍지 못하게 할 때에도 고상한 동기에 호소했다. 그는 '내 아이들의 사진이 신문에 실리는 것을 원치 않습니다.' 라고 말하지 않았다. 그는 우리 모두가 갖고 있는, 자신의 아이들에게는 해를 끼치고 싶지 않다는 욕구에 호소했다. "여러분들도 잘 아실 것입니다. 여러분들에게도 자녀들이 있겠지요. 그렇다면 아이들의 얼굴이 너무 많이 알려지면 좋지 않다는 것을 잘 아실 겁니다."

메인 주 출신의 가난한 소년이었던 사이러스 H. K. 커티스는 나중에 <새터데이 이브닝 포스트>와 <레이디스 홈 저널>의 소유주로서 백만장자가 되었지만, 처음 경력을 쌓아갈 때는 기고가들에게 다른 잡지사들만큼 원고료를 줄 수 없었다. 그리고 돈을 주어야만 원고를 써주던 일류 작가들에게는 청탁할 수도 없었다. 그래서 그는 그들의 고상한 동기에 호소했다. 예를 들면, 불후의 명작 《작은 아씨들》의 저자 루이자 메이 올컷 여사의 글을 단 1백 달러만으로 받아냈는데, 그 비결은 1백 달러 수표를 그녀가 아닌 그녀가 가장 아끼는 자선 단체에 기부하는 것이었다.

이 부분에서 회의론자는 이렇게 말할 수도 있다. "오, 그런 방법은 노스클리프나 록펠러 또는 감상적인 소설가들에게나 통합니다. 나는 돈을 받아내야 하는 거친 사람들에게 통할 만한 방법을 알고 싶습니다."

당신 말이 맞을 수도 있다. 모든 경우에 맞는 것은 없다. 그리고 모든 사람에게 통하는 것도 없을 것이다. 당신이 지금 얻고 있는 결과에 만족한다면, 왜 바꾸려고 하는가? 그러나 만일 만족하지 못한다면, 실험해 보는 것이 어떨까?

상대방을 설득하는 방법 10

고상한 동기에 호소하라.

11 영화와 텔레비전에서 하는 것을 당신도 하라

몇 년 전에 필라델피아의 <이브닝 불러틴> 신문은 위험한 중상을 받고 있었다. 악의적인 소문이 나돌고 있었던 것이다. 신문이 광고를 너무 많이 싣고 뉴스는 너무 적게 실어서 구독자들에게 매력을 잃었다는 이야기였는데, 그것을 광고회사들이 들은 것이다. 즉각적인 조치가 필요했다. 소문을 가라앉혀야 했다.

그런데 어떻게 해야 할까?

그때 취해진 방법이다.

〈불러틴〉 신문은 어느 하루를 정해서 그날 정규판에 실린 모든 기사를 뽑아서 책으로 만들고, 그 책의 제목을 《하루》라고 붙였다. 〈불러틴〉 신문 하루에 실린 뉴스와 특집 기사를 뽑아 양장본 한 권으로 만든 이 책은 무려 307쪽이나 되어, 몇 달러를 받아도 비싸지 않은 값이었는데 단돈 몇 센트에 팔았다.

이 책은 〈불러틴〉 신문이 엄청난 양의 흥미로운 읽을거리를 전달하고 있다는 사실을 극적으로 표현한 것이었다. 단순하게 숫자나 대담 기사를 싣는 것보다 훨씬 생생하고 흥미진진하며 인상적으로 사실을 전달했다.

지금은 극적인 표현의 시대이다. 단순히 사실만 언급하는 것으로는 충분하지 않다. 사실은 생생하고 흥미롭고 극적으로 만들어져야 한다. 쇼맨십을 발휘할 줄 알아야 한다. 영화와 텔레비전에서는 그렇게 한다. 당신도 주목을 받고 싶으면 그렇게 해야 한다.

쇼윈도 디스플레이 전문가들은 극적인 효과의 힘을 알고 있다. 예를 들면, 새로운 쥐약을 개발한 업체가 대리점 쇼윈도에 살아 있는 쥐 두 마리를 전시하도록 했다. 그러자 그 주의 쥐약 판매량은 평소의 다섯 배로 뛰어올랐다.

텔레비전 광고에는 상품 판매에 극적인 효과를 사용한 예들로 풍부하다. 하루 저녁 날을 잡아서 텔레비전 앞에 앉아 광고 회사들이 상품을 선보이는 방법들을 분석해 보라. 타사의 제산제를 넣은 시험관 속은 색깔 변화가 없는데 반해, 광고하는 회사의 제산제를 넣은 시험관 속의 산은 색깔이 얼마나 확연하게 변하는지를 보게 될 것이다. 타사 제품은 더러운 셔츠를 그대로 두는데 반해서 광고하는 회사의 비누나 세제는 기름때 묻은 셔츠를 얼마나 깨끗하게 만드는지를 보게 될 것이다. 자동차가 방향을 바꾸고 커브를 도는 일련의 동작들은 그저 말로만 듣는 것보다 눈으로 보는 것이 훨씬 나을 것이다. 다양한 제품에 만족스러워하는 행복한 얼굴들을 보게 될 것이다. 시청자들에게 제품의 장점을 극적으로 보여주어서 사람들이 그것들을 사게 하는 것이다.

당신도 사업에서 또는 삶의 다른 영역에서 당신의 아이디어를 극적으로 표현할 수 있다. 아주 쉽다. 버지니아 주 리치몬드에 있는 금전등록기 회사에서 판매를 담당하고 있는 짐 예맨스는 극적인 효과를 이용해서 어떻게 판매에 성공했는지를 이야기했다.

지난주에 저는 집 근처 식품점에 갔다가 그곳 카운터에서 사용하는 금전등록기가 아주 오래된 것임을 보았어요. 제가 주인에게 말했지요. "손님들이 줄을 서서 지나갈 때마다 당신은 말 그대로 돈을 버리고 계신 거나 마찬가지입니다." 이렇게 말하면서 동전을 한 움큼 바닥에 던졌어요. 제가 그냥 말만 했어도 관심을 끌기는 했겠지만, 바닥에 떨어지는 동전 소리에 그는 말 그대로 하던 일을 멈췄어요. 저는 그 가게에 있던 낡은 금전등록기 전부를 교체하도록 주문을 받을 수 있었습니다.

극적인 효과는 가정생활에도 적용된다. 옛날에 사랑하는 사람이 연인에게 청혼할 때 단지 사랑이라는 단어만 썼을까? 아니다. 무릎을 꿇고 했다. 그 행동은 말을 실제적으로 증명했다. 지금은 더 이상 무릎을 꿇고 청혼하지 않지만 여전히 많은 구혼자들이 청혼하기에 앞서 낭만적인 분위기를 조성한다.

당신이 원하는 것을 극적으로 전달하면 아이들에게도 잘 통한다. 앨라배마 주 버밍햄에 사는 조우 B. 팬트 2세는 다섯 살 아들과 열세 살 딸에게 장난감을 정리하도록 가르치는 일이 힘이 들어서 '기차' 놀이를 생각해냈다. 저녁이면 세발자전거를 탄 아들 조이는 기관사를 맡았고, 딸 자넷은 객차를 세발자전거에 붙였다. 딸은 동생의 자전거에 올라타서 온 방을 돌며 객차에 '석탄'들을 다 담았다. 이렇게 해서 방 안은 깨끗이 정리되었다. 잔소리나 꾸지람, 훈계도 필요 없었다.

인디애나 주 미셔워커에 사는 메리 캐더린 울프는 직장에서 몇 가지 문제가 있어서 사장과 의논하고 싶었다. 월요일 아침에 그녀는 사장과 면담을 요청했지만, 바쁘기 때문에 그 주 후반쯤에 하자고 비서를 통해 알려왔다. 비서는 사장의 일정이 아주 빠듯하지만 그녀를 위해서 시간을 잡아보겠다고 말은 했다.

울프 양이 그때 일을 설명했다.

그 주 내내 저는 비서에게서 아무 연락을 받지 못했어요. 제가 물어볼 때마다 비서는 사장님이 시간이 없다는 말만 했어요. 금요일 아침에도 저는 확실한 약속 시간을 받지 못했어요. 저는 주말이 되기 전에 정말로 사장님과 만나 문제를 상의하고 싶었어요. 그래서 어떻게 하면 사장님과 만날 수 있을까 생각해 보았지요.

결국 제가 생각해 낸 것은 사장님께 공식적인 편지를 쓰는 것이었어요. 편지에, 사장님이 주중에 얼마나 바쁘신지 잘 알지만 정말 중요한 이야기가 있다고 썼어요. 그리고 서식과 회신용 봉투를 하나씩 동봉하고, 그 서식을 사장님이 채우든 아니면 비서에게 채우게 해서 보내달라고 부탁했어요. 동봉한 서식은 다음과 같았어요.

울프 양, 나는 __일 __시(오전/오후)에 울프 양을 만나 __분 동안 이야기할 수 있습니다.

저는 오전 11시에 편지를 사장님 편지함에 직접 넣었어요. 그리고 오후 2시에 제 우편함을 확인해 보았어요.

제가 동봉한 회신용 봉투가 들어 있었지요. 사장님은 제 편지에 직접 답을 주셨는데, 그날 오후에 10분을 내줄 수 있다고 했어요. 저는 사장님을 만났고, 1시간도 넘게 사장님과 면담하면서 제 문제를 해결할 수 있었어요.

제가 사장님을 몹시 만나길 원한다고 극적으로 전달하지 않았다면, 아마 지금까지도 약속이 잡히기를 기다리고 있었을 겁니다.

상대방을 설득하는 방법 11

당신의 생각을 극적으로 전달하라.

12 모든 것이 효과가 없을 때 사용하는 방법

찰스 슈왑이 소유한 공장 중에 작업 할당량을 채우지 못하는 공장이 있었다. 그가 공장장에게 물었다. "당신처럼 유능한 공장장이 왜 할당량을 생산하지 못하는 겁니까?" 공장장이 대답했다. "저도 잘 모르겠습니다. 직원들을 달래고 압박하고 맹세시키고 악담하고 욕하며 해고하겠다고 위협도 했지만 아무 효과가 없습니다. 그냥 일하려고 하지 않습니다."

이러한 대화는 야간 근무자들이 투입되기 직전에 이루어졌다. 슈왑은 공장장에게 분필 한 자루를 달라고 해서 받아들고는 가까이에 있는 직원에게 가서 물었다. "오늘, 용해 작업을 몇 번 했소?"

"여섯 번이요."

슈왑은 아무 말도 하지 않고 바닥에 '6' 이라고 크게 쓰고는 나갔다. 야간 근무조가 와서 '6' 이라는 숫자를 보고, 무엇을 의미하는지 물었다.

주간 근무조 직원이 말했다. "오늘 사장님이 여기 오셨다가 용해 작업을 몇 번 했는지 물으셨어. 그래서 우리가 여섯 번이라고 말했더니 그것을 바닥에 적어놓고 가셨다네."

다음 날 아침에 슈왑은 그 공장에 다시 갔다. 야간 근무조는 '6' 이라는 숫자를 문질러 지우고 대신 '7' 을 크게 써놓았다.

주간 근무조가 다음 날 아침에 작업을 하러 와서 바닥에 쓰인 '7' 이라는 숫자를 보았다. 그렇다면 야간 근무조가 자신들의 주간 근무조보다 낫다고 생각했을까? 주간 근무조는 야간 근무조에게 뭔가를 보여줘야 했다. 주간 근무조는 힘을 내서 그날 밤에 으스대듯 커다란 '10' 이라는 엄청난 숫자를 남겨놓고 갔다. 근무 성과는 이렇게 해서 올라갔다.

이렇게, 생산량이 뒤처졌던 이 공장은 다른 공장보다 생산량을 더 많이 내게 되었다.

비결은 무엇이었을까?

찰스 슈왑의 말을 직접 들어보자. "일이 되게 하는 방법은 경쟁을 부추기는 것입니다. 제가 말하는 경쟁은 탐욕스럽고 돈만 아는 그런 것이 아니라 능가하려는 욕구를 일으키는 것입니다."

능가하려는 욕구! 도전! 용감하게 도전하기! 이것이 용기 있는 사람들에게 호소하는 확실한 방법이다.

알 스미스가 뉴욕 주지사였을 때 어려운 문제에 직면했다. 당시에 데블스 아일랜드 서쪽에 있는 악명 높은 싱싱 교도소에는 교도소장이 없었다. 추문과 악성 소문들이 교도소를 떠돌아다녔다. 스미스는 싱싱 교도소를 관리할 강한 사람이 필요했다. 그러나 누구를 보낼 것인가? 그는 루이스 E. 로스를 부르러 뉴 햄프턴으로 사람을 보냈다.

"싱싱 교도소를 맡아보는 게 어떻겠나? 그들에게는 경험이 풍부한 사람이 필요하네."라고 그가 앞에 선 루이스에게 쾌활하게 말했다. 루이스는 당황스러웠다. 그는 싱싱 교도소가 위험한 곳이라는 것을 알았다. 그곳은 사람을 정치적으로 임명하는 곳이었고, 정치 변동에 의해서 미래를 예측하기 불가능한 곳이었다. 교도소장들이 몇 번씩 바뀌었고, 단 3주 동안만 머문 사람도 있었다. 그는 자신의 경력을 고려해야 했다. 그곳이 위험을 감수할 만한 자리일까?

그가 주저하는 것을 안 스미스는 의자에서 등을 꼿꼿이 세우고 바로 앉아서 미소를 지었다. "젊은 친구, 자네가 두려워한다고 비난하지는 않겠네. 그곳은 거친 곳이지. 그곳에 가서 머물 큰 사람이 필요하네."

이렇게 스미스는 그에게 도전 정신을 던졌다. 루이스는 누군가 '큰' 사람이 필요한 일에 뛰어든다는 생각이 마음에 들었다. 그래서 그는 싱싱 교도소로 갔다. 그리고 그곳에 머물렀다. 그는 그곳에 머물면서 당시에 가장 유명한 교도소장이 되었다. 그의 책 《싱싱 교도소에서 보낸 2만 년》은 수십만 부가 팔렸다. 그는 방송에 출연했고, 그가 교도소에서 겪은 이야기들은 많은 영화들에 영감을 주기도 했다. 범죄자들을 '인간답게 만드는' 그의 방식은 교도소를 개혁하는데 있어서 기적을 만들었다.

상대방을 설득하는 방법 12

도전 정신을 불러일으켜라.

상대방을 설득하는 방법

원칙1. 논쟁에서 이기는 유일한 방법은 논쟁을 피하는 것이다.

원칙2. 상대방의 의견을 존중하라.
상대방이 틀렸다고 절대로 말하지 마라.

원칙3. 잘못을 했으면 빨리 그리고 분명하게 인정하라.

원칙4. 우호적인 태도로 시작하라.

원칙5. 상대방이 즉시 '네.' 하고 대답하게 하라.

원칙6. 상대방이 더 많이 말하게 하라.

원칙7. 당신의 생각을 상대방이 자신의 생각이라고 느끼게 하라.

원칙8. 상대방의 입장에서 사물을 보려고 진심으로 노력하라.

원칙9. 상대방의 생각과 욕구에 공감을 표현하라.

원칙10. 고상한 동기에 호소하라.

원칙11. 당신의 생각을 극적으로 전달하라.

원칙12. 도전 정신을 불러일으켜라.

제4장

분노나 원한을 사지 않고 상대방을 변화시키는 방법

1 실수를 발견했을 때

캘빈 쿨리지 대통령 재임 시절에 내 친구 하나가 주말에 백악관에 초대를 받았다. 그는 쿨리지 대통령의 개인 집무실에 들어서면서 대통령이 비서에게 다음과 같이 말하는 것을 들었다. "오늘은 옷이 예쁘군. 자네는 아주 매력적인 여자야."

이것은 '침묵의 칼'이라고 불린 쿨리지 대통령이 평생에 비서에게 베푼 가장 큰 칭찬이었을 것이다. 대통령에게 칭찬을 들은 것이 매우 특이하고 예상치 못한 일이어서 당황한 비서는 얼굴이 빨개졌다. 그러자 쿨리지 대통령이 말했다. "거만해지지는 말게. 단지 기분 좋으라고 한 말이니까. 그리고 앞으로는 문장 부호에 좀 더 신경을 써주었으면 하네."

그의 방식은 너무 뻔했지만 심리적으로는 대단한 효과를 발휘했다. 우리는 장점에 대해서 칭찬을 들은 다음에는 언짢은 소리도 좀 더 수월하게 들을 수 있다.

이발사는 면도를 하기 전에 거품을 먼저 낸다. 그것

이 바로 1896년 맥킨리가 대선주자로 나섰을 때 했던 일이다. 당시에 한 유명한 공화당원이 선거 연설문을 썼는데, 그는 키케로나 패트릭 헨리, 다니엘 웹스터를 한데 모은 것보다 자신이 세 배는 더 잘 썼다고 느꼈다. 그 친구는 아주 신이 나서 자신의 불멸의 연설문을 맥킨리 앞에서 큰 소리로 읽었다. 연설문은 좋은 점들이 있었지만 그대로 읽을 수는 없는 수준이었다. 엄청나게 비난을 받을 정도였다. 그러나 맥킨리는 그의 마음을 상하게 하고 싶지 않았다. 그의 굉장한 열정을 죽일 필요는 없었지만 어쨌든 '아니요.' 라고 말해야 했다. 맥킨리가 얼마나 능숙하게 거절했는지 주목해 보라.

맥킨리가 말했다. "이보게 친구, 정말 훌륭한 연설문이네, 멋진 연설문이야. 이보다 더 잘 준비할 수 있는 사람은 없을걸세. 이 연설문이 꼭 맞을 때가 있을걸세. 하지만 이번이 그 경우일까? 자네 관점에서 보면 건전하고 냉철하지만 나는 정당의 관점에서 효과를 고려해봐야 한다네. 집에 가서 내가 말하는 것에 비추어 다시 한 번 써보고 내게 한 부 보내주게."

그는 그렇게 했다. 맥킨리가 수정하면서 그가 연설문을 다시 쓰는 것을 도왔고, 결국 그는 선거운동에서 실력 있는 연설가가 되었다.

에이브러햄 링컨이 쓴 편지 중 두 번째로 유명한 편지가 여기 있다.(그가 쓴 가장 유명한 편지는 전쟁에서 다섯 아들을 잃은 빅스비 부인에게 조의를 표한 편지였다.) 링컨은 아마 이 편지를 5분 만에 급히 작성한 것 같다. 편지는 1926년에 경매에서 2천 달러에 낙찰되었는데, 어쨌든 이 액수는 링컨이 반세기 동안 열심히 일해서 모을 수 있었던 돈보다 많았다.

편지는 남북전쟁 중 가장 힘든 시기였던 1863년 4월 26일에 조셉 후커 장군에게 쓴 것이었다. 18개월 동안 링컨이 임명한 장군들이 이끄는 북군은 패배에 패배를 거듭했다. 헛되고 어리석은 인간 학살만 계속되었다.

나라는 공포에 질렸다. 수천의 병사들이 탈영했고, 심지어 상원의 공화당원들조차 반발하며 링컨을 백악관에서 사퇴시키기를 원했다. 링컨이 말했다. "우리는 지금 파멸 직전에 있습니다. 하느님조차 우리를 적대시하는 것 같습니다. 희망의 빛 한 줄기도 거의 볼 수 없습니다." 그 편지가 나온 배경은 이처럼 어두운, 슬픔과 혼돈의 시기였다.

나라의 운명 자체가 장군의 행동에 달려 있을 수밖에 없었을 때, 링컨이 제어할 수 없는 장군을 어떻게 변화시키려고 애를 썼는지 잘 보여주기 때문에 편지를 여기에 인용하겠다. 이것은 아마도 에이브러햄 링컨이 대통령이 되고 나서 쓴 편지 중에서 가장 날카로운 편지일 것이다. 그럼에도 불구하고 그는 후커 장군의 심각한 잘못들에 대해서 언급하기 전에 먼저 칭찬했다는 점에 주목하라.

후커 장군은 정말로 심각한 잘못들을 저질렀지만 링컨은 그렇게 말하지 않았다. 링컨은 좀 더 보수적이고 좀 더 외교적이었다. 그는 이렇게 썼다. "내가 장군에게 완전히 만족하지는 못하는 점들이 몇 가지 있습니다." 정말 세련되고 외교적이지 않은가!

링컨이 후커 장군에게 보낸 편지다.

내가 장군을 포토맥 부대의 지휘관으로 임명했습니다. 물론 충분한 근거에 입각해서 그렇게 했지만, 그럼에도 불구하고 내가 장군에게 완전히 만족하지는 못하는 점들이 몇 가지 있다는 것을 아셨으면 합니다.

나는 장군이 용감하고 유능한 군인임을 믿고, 물론 그것을 좋아합니다. 또한 장군이 자신의 일과 정치를 혼동하지 않는다는 것을 알고 있으며, 장군은 그 부분에서 정확합니다. 장군은 자신감이 있는데, 그 점은 꼭 필요한 자질은 아니어도 가치가 있습니다.

장군이 야망을 갖는 것은 적당한 한도 내에서라면 손해

보다는 득이 됩니다. 그러나 번사이드 장군이 지휘하는 군대에 있는 동안 장군은 야심 때문에 번사이드 장군의 계획을 좌절시켰습니다. 그것은 장군이 나라와, 칭찬하고 존경할 만한 동료 장군에게 큰 잘못을 범한 것입니다.

나는 장군이 최근에 군과 정부에 독재자가 필요하다고 말했다는 것을 들었음에도 저는 장군에게 지휘를 맡겼습니다. 오직 성공한 장군들만이 독재자로 나설 수 있습니다. 내가 지금 장군에게 요구하는 것은 군사적인 성공이고, 그래서 나는 독재의 위험도 감수할 것입니다.

정부는 장군을 능력이 닿는 한 최대한으로 지원할 것입니다. 그것은 과거의 다른 장군들에게 지원한 것보다 더하지도 덜하지도 않고, 앞으로도 모든 지휘관에게 그렇게 할 것입니다. 장군은 병사들에게 지휘관을 비판하고 신뢰하지 않는 풍조가 생기도록 조장했습니다. 이제 그 결과가 장군에게로 돌아갈까 봐 몹시 걱정이 됩니다. 나는 그런 사태가 발생하지 않도록 최대한 장군을 지원할 것입니다.

군 안에 그러한 정신이 퍼져 있다면 장군도, 나폴레옹이 다시 살아온다고 해도, 그런 군을 이끌고는 좋은 결과를 얻어낼 수 없습니다. 이제는 경솔한 행동에 주의하시기 바랍니다. 그리고 열정과 쉼 없는 경계 태세로 전진하고, 우리에게 승리를 안겨주시기 바랍니다.

당신은 쿨리지도 맥킨리도 링컨도 아니다. 당신은 이러한 정책이 날마다 만나는 비즈니스 상황에서 효과를 나타낼지 알고 싶을 것이다. 효과가 있을까? 한 번 보자. 필라델피아에 있는 와크 컴퍼니의 W. P. 가우의 이야기를 들어보자.

와크 컴퍼니는 필라델피아에 큰 사무실 건물을 언제까지 완공하기로 계약했다. 모든 일이 다 잘 되고 있었다. 건물 시공이 거의 끝나갈 무렵 건물 외벽에 붙일 청동 장식을 제조하는 납품업체에서 갑자기 정해진 날짜에 맞춰 제품을 납품할 수 없다고 알려왔다. 무엇이라고! 건물 전체의 공사가 중단될 지경이라고! 만약 공사가 중단될 경우에 엄청난 위약금을 포함한 손해가 이만저만이 아니었다. 끔찍한 손실이다! 이게 다 단 한 사람 때문이라니!

장거리 전화 통화, 논쟁, 열을 올린 대화들! 모두 소용없었다. 그래서 가우 씨가 납품업체와 담판을 벌이기 위해 뉴욕의 청동 호랑이굴로 들어가게 되었다.

"브룩클린에 사장님과 똑같은 이름을 가진 사람이 단 한 명뿐이라는 것을 아십니까?" 가우 씨는 납품업체 사장실로 들어서며 이렇게 물었다. 사장은 놀라며 대답했다. "아니요, 몰랐습니다."

“아침에 제가 기차에서 내려 사장님의 주소를 알려고 전화번호부를 보았더니, 브룩클린 전화번호부에는 사장님과 똑같은 이름이 한 명뿐이었어요.”

“저는 몰랐네요.” 납품업체 사장은 전화번호부를 관심 있게 찾아보았다. “흔하지 않은 성이긴 합니다. 우리 가족은 200여 년 전에 네덜란드를 떠나 여기 뉴욕에서 정착했습니다.” 그가 자랑스럽게 말했다. 이어서 자기 가족과 조상들에 대해서 몇 분간 이야기했다. 그가 이야기를 마치자 가우 씨는 공장이 참 넓다고 칭찬했다. 그리고 자신이 가본 수많은 비슷한 공장들과 비교해서 이 공장이 더 좋다고 했다. “제가 본 중에 제일 깨끗하고 잘 정리된 공장입니다.”

납품업체 사장이 이야기했다. “저는 이 공장을 일으키느라 평생을 보냈어요. 그런 만큼 이 공장이 정말 자랑스럽습니다. 한 번 둘러보시겠습니까?”

가우 씨는 공장을 돌아보면서 직원들을 칭찬했고, 이 공장이 얼마나 그리고 왜 다른 업체들보다 뛰어난지 이야기했다. 가우 씨가 몇 가지 독특한 기계들에 대해 묻자 사장은 자신이 직접 그 기계들을 개발했다고 말했다. 그리고는 가우 씨에게 꽤 오랜 시간을 들여 기계 조작법과 결과물에 대해서 설명해 주었다. 그리고 점심 식사도 같이 하자고 청했다. 그러니까, 그때까지 가우 씨는 공장에 온 목적을 한 마디도 꺼내지 않았다.

점심 식사를 한 후에 납품업체 사장이 말했다. "이제 일 얘기를 해봅시다. 물론 저는 당신이 왜 오셨는지 압니다. 하지만 당신을 만나서 이렇게 즐거울 줄은 미처 기대하지 못했습니다. 다른 주문을 연기해서라도 당신의 회사 건을 시간에 맞춰 제작해 보내드릴 것을 약속드리지요."

가우 씨는 자기가 원하는 것을 말하지 않고도 다 얻었다. 물건은 제때에 도착했고 건물은 완공하기로 약속한 그 날짜에 완공되었다.

가우 씨가 이런 경우에 보통 사용하는 강압적인 방식을 사용했다면 이런 결과를 얻었을까?

칭찬으로 시작하는 것은 치과의사가 마취제를 놓고 치료하는 것과 같다. 환자는 이를 치료받고 있지만 마취약 때문에 통증을 느끼지 못한다. 리더는 다음과 같이 해보라.

분노나 원한을 사지 않고 상대방을 변화시키는 방법 1

칭찬과 진실한 감사로 시작하라.

2 미움받지 않고 비판하는 방법

찰스 슈왑이 어느 날 점심 무렵에 자신의 제철공장 한 곳을 방문했는데 직원들 몇 명이 모여 담배를 피우고 있는 것을 보았다. 그들 머리 위에는 '금연'이라는 푯말이 있었다. 슈왑은 그들에게 다가가 각 사람에게 담배를 한 대씩 건네며 말했다. "자네들, 담배는 밖에서 피우면 정말 고맙겠네." 그들은 규칙을 어겼다는 것을 알고도 그것에 대해서는 아무 말 없이 작은 선물을 주면서 중요한 사람이라고 느끼게 한 슈왑에게 감탄했다. 이런 사람을 어떻게 좋아하지 않을 수 있겠는가!

존 워너메이커도 이와 동일한 기술을 사용했다. 워너메이커는 필라델피아에 있는 자신의 대형 매장을 날마다 한 번씩 돌아보았다. 한 번은 고객이 계산을 하기 위해 기다리고 있는 것을 그가 보았다. 그런데 아무도 그녀에게 관심을 기울이지 않았다. 판매사원들은 어디에 있었을까? 그들은 한쪽 구석에 모여서 웃으며 담소를 나누고 있었다. 워너메이커는 그들에게 아무 말도 하지 않았다. 조용히 계산대로 가서 자신이 직접 손님을 응대했고, 직원에게 포장하도록 물건을 건네주고는 그곳을 나왔다.

고위 공무원들은 종종 시민들이 편하게 다가가지 못하게 거리를 둔다는 비판을 받는다. 때때로 실수는 그들을 지나치게 보호하는 비서들 때문에 일어난다. 디즈니월드의 고장인 플로리다 주 올랜도에서 여러 해 동안 시장을 지낸 칼 랭포드는 자기 직원들에게 사람들의 방문을 허가하라고 종종 권고했다. 그는 '열린 문' 정책을 편다고 선포했지만 시민들은 비서나 관리자들에 의해서 방문을 거절당했다. 마침내 시장은 해결책을 찾았다. 시장실의 문을 없애버린 것이다. 보좌관들은 그의 뜻을 알아차렸고, 시장은 문을 상징적으로 없앤 날부터 정말로 열린 행정을 펼쳤다.

사람들의 기분을 상하거나 분노를 일으키지 않고 설득하는데, 단순히 세 음절로 된 단어 하나를 바꾸는 것으로 성공과 실패가 판가름 날 수 있다.

많은 사람이 진실한 칭찬 뒤에 '그러나' 를 덧붙여 결국은 비판적인 말로 끝을 맺는 실수를 저지른다. 예를 들면 공부에 별로 관심이 없는 아이의 태도를 바꾸고자 할 때 "조니, 이번 학기에 네 성적이 올라서 정말 자랑스럽구나. 그러나 수학을 더 열심히 하면 앞으로 성적이 더 좋아질 거란다." 하고 말한다.

이런 경우에 조니는 '그러나'라는 말을 듣기 전까지 기분이 좋았을 것이다. 그러나 말을 끝까지 들은 다음에는, 초반에 말한 칭찬의 진실성에 대해서 의문을 가질 것이다. 조니에게 칭찬은 단지 실패에 대한 비판을 이끌어내기 위한 부자연스러운 도입에 지나지 않는다. 조니의 신뢰감에 무리가 생기고, 그러면 공부에 대한 조니의 태도를 바꾸는 목적을 이루지 못할 것이다.

이것은 '그러나'를 '그리고'로 바꾸면 쉽게 극복될 수 있다. "조니야, 이번 학기에 네 성적이 올라서 자랑스럽구나. 그리고 다음 학기에도 계속 성실하게 노력하면 수학 성적도 다른 과목들처럼 오를 수 있을 거야."

이 대화에는 조니를 비판하는 말이 없으므로 칭찬을 그대로 받아들일 것이다. 이렇게 하면 행동을 바꾸고자 하는 사람의 관심을 간접적으로 끌 수 있다. 그래서 상대방이 기대에 부응하려고 노력할 가능성이 있다.

실수에 대해서 간접적으로 말하면, 직접적인 비판에는 몹시 화를 내는 예민한 사람들에게 놀랍게도 효과를 발휘한다.

로드아일랜드 주 운소켓에 사는 마지 제이콥은 나의

강의 시간에, 자신이 어떻게 해서 집 증축 공사 때 건설 직원들이 일을 끝낸 뒤에 뒷정리를 깨끗이 하게 했는지를 발표했다.

공사를 시작한 첫 며칠간은 제이콥 부인이 직장에서 집으로 돌아가면, 마당에는 잡동사니들이 여기저기 널브러져 있었다. 그녀는 건설일꾼들에게 적대감을 불러일으키고 싶지 않았다. 그들은 일을 잘했기 때문이다. 그래서 그들이 집을 떠나면 그녀와 자녀들이 쓰레기를 다 줍고 한쪽 구석에 목재 조각들을 말끔하게 쌓아놓았다. 다음 날 아침에 그녀가 감독을 불러서 말했다. "지난밤에 앞뜰을 저렇게 정리하고 가셔서 정말 만족스러웠어요. 깨끗해서 이웃에게도 폐가 되지 않았어요." 그 날부터 날마다 하루 일이 끝나면 인부들은 쓰레기들을 줍고 목재 조각들을 한쪽에 정리해 놓고는, 감독이 그녀에게 와서 마당이 깨끗하게 정리되었는지 물었다.

예비군과 현역 교관들이 주로 대립하는 영역 중의 하나가 머리 모양이다. 예비군은 자신들을 민간인이라 생각하기 때문에(대부분의 시간 동안 민간인이다.) 머리를 짧게 깎아야 하는 것에 화를 낸다.

제542 예비군학교의 상사 할리 카이저는 예비역 육군 하사관들과 일을 할 때 이 문제를 다루었다. 병사들은 그가 고참 현역 상사였기 때문에 병사들에게 소리치고 위협할 것이라고 예상했다. 그러나 그는 자기 의견을 간접적으로 전달했다.

그가 말했다. "귀관들은 리더들이다. 그러므로 그대들이 모범을 보일 때 효과를 극대화시킬 수 있다. 귀관들을 따르는 자들에게 모범을 보여야 한다. 귀관들은 육군 규정에 명시된 머리 모양에 대해 잘 알 것이다. 나는 지금도 몇몇 귀관들보다 머리가 짧지만 오늘 머리를 더 자를 것이다. 귀관들은 자기 모습을 거울로 보고 나서, 좋은 모범이 되기 위해서 머리를 잘라야 한다고 생각하면 부대 내 이발소에 갈 시간을 내주겠다."

결과는 예측대로였다. 몇몇 하사관들은 거울을 보았고 그날 오후에 이발소에 가서 '규정' 대로 머리를 잘랐다. 카이저 상사는 다음 날 아침에, 자신은 벌써 분대원들 중에서 리더십이 향상된 것을 보았다고 칭찬했다.

다른 사람의 실수를 효과적으로 고치게 하려면 다음과 같은 방법을 적용해 보라!

분노나 원한을 사지 않고 상대방을 변화시키는 방법 2

상대방의 실수를 간접적으로 알게 하라.

3 먼저 자신의 실수를 이야기하라

수년 전에 캔자스 시에서 살던 내 조카 조세핀 카네기가 내 비서로 일하려고 뉴욕으로 왔다. 조카는 당시 열아홉 살이었고 3년 전에 고등학교를 졸업했지만 회사 경력은 전혀 없었다. 지금은 수에즈 서부에서 가장 유능한 비서가 되었지만 처음에는 향상되어야 할 부분이 많았다.

어느 날 내가 조카를 꾸중하려다가 나 스스로에게 말했다. '잠깐만, 데일 카네기야 잠깐만. 너는 조세핀보다 두 배나 더 나이가 많아. 너는 그 애보다 만 배는 더 사업 경력이 있어. 그런데 어떻게 그 애에게 네가 가진 관점과 판단력, 창의력 등을 기대할 수 있겠니? 너도 썩 좋지는 않지만 말이야. 데일, 잠깐만, 네가 열아홉 살 때 어땠지? 네가 저질렀던 터무니없는 잘못, 실수들을 기억하니? 네가 이런 실수도 하고 저런 실수도 했을 때를 기억하니?'

나는 이것들을 정직하고 공정하게 철저히 숙고한 뒤에 조카의 평균 성적은 열아홉 살 때의 나보다 더 좋다는 결론을 내렸다. 그리고 고백하기 부끄럽지만 나는 조카에게 칭찬도 별로 해주지 않았다.

그때 이후로 나는 조카의 실수를 지적하고 싶을 때는 먼저 이렇게 말했다. "조세핀, 네가 잘못했구나. 그러나 내가 저질렀던 실수보다는 낫다는 것을 하느님은 아실 거야. 판단력은 타고나는 게 아니란다. 경험을 통해서 배우는데, 너는 그 나이 때의 나보다 나아. 나도 어리석고 바보 같은 일들을 많이 했단다. 나는 너나 다른 누구도 비난하려는 마음은 전혀 없단다. 그러나 네가 그 일을 이러이러하게 했으면 더 현명했을 거라고 생각하지 않니?"

잘못을 꾸짖는 사람이 자신도 완벽과는 거리가 멀다고 겸손하게 인정하면, 그가 당신이 지적하는 자신의 잘못을 듣는 게 그렇게 힘들지만은 않을 것이다.

캐나다 매니토바의 브랜든에 사는 엔지니어 E. G. 딜리스톤은 새로 들어온 비서와 문제가 있었다. 그가 받아쓰게 한 편지들을 보니 한 페이지에 두세 글자씩 틀리게 적었다. 딜리스톤 씨가 이 문제를 어떻게 다뤘는지 이야기했다.

다른 엔지니어들처럼 저도 유창한 영어를 쓰거나 철자를 정확하게 쓰지는 못합니다. 몇 년 동안 저는 제가 잘 틀리는 단어들을 모아둔 검정색의 작은 색인 사전을 갖고 있었습니다. 실수들을 단지 지적만 하면 비서의 교정 실력을 향상시키지 못할 게 분명해서, 저는 다른 방식으로 접근했습니다. 다음번의 편지에도 오자가 있는 것을 발견하고 저는 비서와 마주앉아 이야기를 했습니다.

"이 단어는 정확하지 않은 것 같군요. 예전에 내가 늘 틀렸던 단어들 중에 하나여서 나는 이 사전을 참고하곤 해요.(저는 사전을 펼쳐서 그 단어가 나와 있는 페이지를 찾았습니다.) 그래, 여기 있군. 우리는 편지로 판단을 받기 때문에, 나는 철자에 아주 신경을 씁니다. 오자가 있으면 고객이 우리를 전문가로 여기질 않거든요."

저는 비서가 제 방식을 그대로 따랐는지 아닌지는 모르겠습니다. 그러나 그렇게 이야기를 한 뒤로는 비서가 오자를 적는 빈도수가 상당히 줄었습니다.

기품 있기로 소문난 프린스 베른하르트 폰 뷜로는 이미 1909년에 이런 방식이 분명히 필요하다는 것을 절감했다. 폰 뷜로는 당시 독일 제국의 수상이었고, 황제는 빌헬름 2세였다. 빌헬름 2세는 거만하고 오만한 독일의 마지막 황제였으며, 육군과 해군을 키웠고, 그 병력을 자랑했다. 그런데 그때 깜짝 놀랄 일이 벌어졌다. 황제가 한 어떤 말로 인해서 유럽 대륙은 물론이고 전 세계를 뒤흔들 만한 일이 벌어진 것이다. 황제는 어리석고 터무니없으며 자기중심적인 그 발언을 영국 방문길에 대중 앞에서 공개적으로 했고, 설상가상으로 그것을 <데일리 텔레그래프>에 싣도록 허락했다. 그 때문에 상황은 걷잡을 수 없을 만큼 악화되었다. 황제가 한 말은 다음과 같다.

황제 자신은 영국민에게 호감을 갖고 있는 유일한 독일인이고, 일본의 침략에 대비해 해군을 육성 중이며, 자신만이 러시아와 프랑스에게 짓밟혀 굴욕받는 영국을 구할 수 있고, 남아프리카 공화국에서 영국의 로버츠 경이 보어인들을 물리칠 수 있었던 것은 자신이 작전을 세웠기 때문이라는 등등이었다.

근 1백여 년간 유럽의 어느 왕도 평화로웠던 시기에 이렇게 엄청난 말을 쏟아낸 적이 없었다. 유럽 전 대륙은 벌집을 쑤셔놓은 듯 엄청난 분노로 소란스러워졌다. 영국은 격노했다. 독일 정치가들은 경악했다. 이 모든 놀람과 당황 속에서 독일 황제는 전전긍긍하며 독일 제국의 수상 프린스 폰 뷜로에게 모든 일의 책임을 져달라고 말했다. 그는 폰 뷜로가, 모든 것은 다 자기 책임이며 그 터무니없는 이야기들을 말하도록 황제에게 조언했다고 발표하기를 원했다.

폰 뷜로가 항의했다. "황제 폐하, 그러한 말들을 제가 황제 폐하께 조언할 수 있다고 믿을 사람은 독일이나 영국의 누구도 없을 것 같다고 판단됩니다."

폰 뷜로는 말을 내뱉는 순간 자신이 큰 실수를 저질렀음을 깨달았다. 황제는 격노했다.

황제가 소리쳤다. "자네는 나를, 자네라면 결코 저지르지 않았을 실수나 저지르는 바보로 아는군!"

폰 뷜로는 황제를 비난하기 전에 먼저 칭찬했어야 함을 깨달았다. 그러나 이미 늦었으므로 차선책을 취했다. 황제를 비판한 다음에 칭찬한 것이다. 그것이 기적을 불러왔다.

그가 정중하게 대답했다. "저는 그렇게 조언하기에는 턱없이 부족합니다. 황제 폐하께서는 많은 점에서 저를 훨씬 능가하십니다. 당연히 해군이나 군 지식에서뿐만 아니라 자연과학에서도 말입니다. 저는 종종 황제 폐하께서 기압계나 무선 전신술, 뢴트겐선에 대해서 설명하시는 것을 감탄하며 들었습니다. 저는 부끄럽지만 자연과학의 모든 영역에 대해서 무지하고, 화학이나 물리학에 대해서는 기초 개념도 없으며, 단순한 자연현상에 대해서도 설명할 수 없습니다. 그 보상으로 저는 약간의 역사적 지식과 정치, 특별히 외교 분야에서 유용한 자질을 갖고 있을 뿐입니다."

황제는 활짝 웃었다. 폰 뷜로는 황제를 칭찬했다. 폰 뷜로는 황제를 높였고, 자신을 낮췄다. 그가 그렇게 하니 황제는 모든 것을 용서할 수 있었다. 황제가 신이 나서 말했다. "우리는 서로를 완벽히 보완한다고 내가 늘 말하지 않았나? 우리는 꼭 붙어 있어야 하고, 또 반드시 그럴 것이네!"

황제는 폰 뷜로와 악수했다. 그것도 한 번이 아니라 여러 번 말이다. 황제는 폰 뷜로의 말에 매우 감동한 그 날 오후에 두 주먹을 불끈 쥐고 이렇게 말했다. "누구든 프린스 폰 뷜로에 대해서 무엇이든 안 좋은 말을 하면 내가 한 방 먹여주겠어."

폰 뷜로는 제때에 자신을 구했다. 그는 신중한 외교관이었음에도 한 가지 실수를 범했었다. 황제를 보호자가 필요한 멍청이라고 암시하지 말고, 자신의 결점과 빌헬름 황제의 우수성에 대해 먼저 이야기했어야 했다.

겸손하게 자신을 낮추고 상대방을 칭찬하는 몇 마디 말이 오만하고 무례한 황제를 확실한 친구로 만들 수 있었다면, 우리가 날마다 만나는 사람들에게 겸손하게 칭찬하면 어떤 일이 일어날지 상상해 보라. 겸손과 칭찬을 올바르게 사용하면 인간관계에서 진짜 기적이 일어날 것이다.

자신의 잘못을 인정하면, 심지어 그 잘못을 바로잡지 않았어도 다른 사람의 행동을 바꾸도록 설득하는데 도움이 된다.

훌륭한 리더는 다음과 같은 원칙을 따른다.

분노나 원한을 사지 않고 상대방을 변화시키는 방법 3

상대방을 비판하기 전에 먼저 자신의 실수를 말하라.

4 명령받기를 좋아하는 사람은 없다

나는 미국 전기작가 협회장인 아이다 타벨 여사와 저녁을 먹는 기쁨을 누린 적이 있었다. 그 자리에서 나는 이 책을 쓰고 있다고 말했고, 우리는 사람들과 지내는 것과 관련된 중요한 주제들에 대해서 이야기했다.

그녀는 자신이 오웬 D. 영의 전기를 쓸 당시에, 그와 3년 동안 같은 사무실을 사용했던 사람을 면담했었다고 말했다. 남자는 그 3년 동안 오웬 D. 영이 누구에게든 직접 명령하는 것을 들어본 적이 없다고 말했다고 했다. 오웬 D. 영은 언제나 명령이 아니라 제안을 했다. 예를 들면 '이것 또는 저것을 하세요.' 또는 '이것 또는 저것을 하지 마세요.' 라고 말하지 않았다. '이것을 한 번 생각해 보세요.' 또는 '그것이 먹힐 거라고 생각하세요?' 라고 말했다. 그는 편지를 받아쓰게 한 다음에 종종 이렇게 말했다. '이것에 대해서 어떻게 생각하세요?' 그는 비서가 작성한 편지를 살펴보고는 이렇게 말했다. '이것을 이런 식으로 표현하면 더 나을 것 같습니다.' 그는 언제나 사람들이 어떤 일을 그들 스스로 할 기회를 주었다. 비서들에게 무슨 일을 하라고 말하지 않았다. 그들이 하게 했다. 그들 스스로 실수를 통해 배우게 했다.

이러한 기술은, 사람들이 자신의 실수를 쉽게 바로잡을 수 있게 해준다. 또한 사람들의 자존심을 살려주고 그들이 중요한 사람이라는 느낌을 갖게 한다. 반항심 대신에 협력을 불러일으킨다. 건방진 명령 때문에 일어난 분노는 오래 갈 수 있다. 명백히 잘못된 상황을 바로잡기 위한 명령이라 해도 말이다.

펜실베이니아 주 와이오밍에 있는 직업학교 교사인 댄 산타렐리는 자기 학생 중 하나가 불법주차로 학교의 매점 입구를 막았던 일을 우리의 강의 시간에 발표했다. 다른 교사 한 명이 교실로 뛰어들어와서 거만하게 물었다. "입구를 막고 있는 차가 누구 거지?" 차 주인인 학생이 대답하자, 그 교사가 소리쳤다. "지금 당장 빼. 안 그러면 차에 체인을 감아서 끌어내겠어."

학생이 잘못은 했다. 차를 입구에다 주차하면 안 되지만, 그날부터 그 교사의 행동에 대해서 해당 학생뿐만 아니라 교실 안에 있던 모든 학생이 분노해서, 그 교사는 학교에서 힘들고 불쾌한 시간을 보내야만 했다.

그렇다면 그 교사는 일을 다른 식으로, 어떻게 처리할 수 있었을까? "입구에 서 있는 저 차가 누구 것이지?" 하고 친절하게 묻고 나서, 차를 치워주면 다른 차들이 드나들 수 있을 것이라고 제안했다면, 학생은 기꺼이 차를 다른 곳으로 이동시키고, 그 학생이나 다른 학생들도 분노하지 않았을 것이다.

질문하는 것은 명령을 기분 좋게 할 뿐만 아니라 종종 상대방의 창의성을 자극한다. 사람들은 자신이 참여한 결정으로부터 나온 명령은 쉽게 받아들일 수 있기 때문이다.

유능한 리더는 다음과 같은 방법을 적용한다!

분노나 원한을 사지 않고 상대방을 변화시키는 방법 4

직접 명령하지 말고 질문을 하라.

5 상대방의 체면을 세워주어라

몇 년 전에 제너럴 일렉트릭 컴퍼니는 찰스 슈타인메츠를 부서장 자리에서 물러나게 해야 하는 민감한 문제에 직면했다. 그는 전기에 대해서는 첫째가는 천재였지만 회계부서장으로서는 턱없이 부족했다. 그렇지만 회사에서는 그의 기분을 상하게 할 엄두를 내지 못했다. 그는 절대적으로 필요한 인물이었고 매우 예민했기 때문이다. 그래서 그에게 새로운 직책을 주었다. 제너럴 일렉트릭 컴퍼니의 고문 엔지니어라는 새 직책을 만들어서 그가 하던 일을 계속하게 했고, 다른 사람을 회계부서장 자리에 임명했다.

슈타인메츠는 기뻐했고 회사의 간부들도 좋아했다. 그들은 괴팍한 인물을 교묘하게 이동시키면서도 그의 체면을 세워줌으로써 아무 문제없이 일을 처리했다.

다른 사람의 체면을 세워주는 것! 그것은 얼마나 중요하고 또 중요한지! 그런데 얼마나 적은 수의 사람들만이 그것에 대해서 생각하는지! 우리는 다른 사람의 감정을 함부로 다루고, 마음대로 하고, 잘못을 찾고, 협박하고, 다른 사람들 앞에서 아이나 직원을 꾸짖는다. 상대방의 자존심이 상하는 것을 생각해 보지도 않고 말이다. 반면에 몇 분만 생각하고 사려 깊은 말 한두 마디를 하거나 상대방의 태도를 진심으로 이해하려고 하면 상대방의 상처를 훨씬 완화시킬 수 있다. 이제부터 직원을 해고하거나 꾸짖어야 할 불쾌한 일이 생기면 이것을 기억하라.

다음은 공인회계사인 마셜 A. 그랜저가 내게 보낸 편지이다.

직원을 해고하는 일은 유쾌한 일이 아닙니다. 해고당하는 것은 더하겠지요. 우리 일은 시기가 있습니다. 그래서 우리는 수입세 관련 업무가 몰릴 때가 지나면 많은 직원들을 내보내야 합니다.

해고하는 것을 좋아하는 사람은 아무도 없다고 우리 업계 사람들은 말합니다. 결과적으로 우리는 가능한 한 빨리 해고 일을 처리하는 게 관습이 되었습니다. 그래서 일반적으로 다음과 같은 절차를 따릅니다. '스미스 씨, 앉으세요. 세금 시기가 끝났으니 당신이 맡을 일도 더 이상 없는 것 같습니다. 당신도 바쁜 철을 위해서만 고

용되었다는 것을 아셨겠지만 어쨌든…….'

해고되는 사람들은 실망하고 '버림받은' 느낌을 받습니다. 그들 대부분은 평생 회계 분야에서 일하는데, 자신들을 쉽게 해고해 버린 회사에 애정을 가질 수 없지요.

최근에 저는 임시직 직원들을 좀 더 배려하고 요령 있게 해고하려고 마음을 먹었습니다. 그래서 저는 그 직원들이 겨울 동안 일한 것에 대해 곰곰이 생각한 다음에 한 사람씩 면담했습니다. 그리고 이런 식으로 말했습니다. "스미스 씨, 일을 아주 잘하셨습니다.(잘한 경우라면) 당신은 뉴와크에 가서 참 힘든 일을 맡으셨어요. 현장에서 일을 아주 훌륭히 해내셔서 우리는 당신이 무척 자랑스럽습니다. 능력이 있으시니까 어디에서 일을 하시든 잘하실 것입니다. 우리는 당신을 믿습니다. 그리고 당신을 응원합니다. 당신을 잊지 않을 것입니다."

결과가 어땠을까요? 사람들은 해고됐어도 훨씬 기분 좋게 나갔습니다. 그들은 '버림받은' 느낌을 받지 않았어요. 우리 회사에 그들에게 줄 일거리가 있으면 그들을 계속 채용할 것을 알았지요. 그래서 우리가 다시 그들을 필요로 하면 그들은 애정을 갖고 회사로 들어올 것입니다.

우리가 옳고 상대방이 완전히 틀렸다고 하더라도, 상대방의 체면을 깎으면 그 사람의 자존심에 상처를 준다.

프랑스의 전설적인 비행사이자 작가인 생텍쥐페리는 다음과 같이 썼다. "나는 누구도 깎아내릴 말을 하거나 행동을 할 권리가 없다. 중요한 것은 내가 그 사람에 대해서 생각하는 것이 아니고, 그가 그 자신에 대해서 생각하는 것이다. 사람의 존엄성에 상처를 주는 것은 범죄이다."

진정한 리더는 언제나 이 규칙을 따른다.

분노나 원한을 사지 않고 상대방을 변화시키는 방법 5

상대방의 체면을 세워주어라.

6 사람들을 성공으로 이끄는 방법

피트 발로는 나의 오랜 친구다. 그는 동물 쇼를 하면서 평생 서커스단이나 곡예단과 함께 유랑했다. 나는 피트가 새로 들어온 개들을 훈련시키는 모습을 보는 것이 좋았다. 개가 조금이라도 더 잘하면, 피트는 개를 쓰다듬고 칭찬하면서 고기를 주고 대단히 추켜세웠다.

그것은 새로운 방법도 아니다. 조련사들은 수세기 동안 이런 방법을 사용해왔다.

그런데 왜 우리는 사람들을 변화시키려고 할 때 개를 변화시키려고 할 때와 동일한 상식을 사용하지 않을까? 왜 채찍 대신에 당근을 쓰지 않을까? 비난하지 말고 칭찬하는 게 어떨까? 아주 조금만 발전해도 칭찬하자. 그것이 다른 사람을 계속 발전하도록 고무시킨다.

심리학자인 제스 레어는 자신의 책 《나는 대단하지 않지만, 내가 가진 전부는 바로 나이다》에서 이렇게 썼다. "칭찬은 인간 정신에 비치는 따뜻한 햇볕과 같다. 우리는 칭찬 없이는 꽃을 피울 수도, 자라게 할 수도 없다. 그럼에도 불구하고 우리 대부분은 다른 사람들에게 차가운 비판의 바람만 불 준비만 하고 있고, 따뜻한 칭찬의 햇살을 비추는 일은 웬일인지 꺼려한다."

내 삶을 돌아보면, 칭찬 몇 마디가 나의 미래를 분명히 바꿔놓은 것을 알 수 있다. 당신도 당신의 삶에 대해서 이와 같이 말할 수 있지 않을까? 역사는 칭찬의 순수한 능력이 발휘된 놀라운 예들로 가득하다.

예를 들면, 수년 전에 열 살 난 소년이 나폴리의 한 공장에서 일하고 있었다. 소년은 가수가 되고 싶었지만 소년이 만난 첫 교사가 용기를 잃게 했다. 교사가 말했었다. "너는 노래를 할 수 없어. 네 목소리는 좋지 않아. 꼭 문에서 새는 바람 소리 같단 말이야."

소년의 어머니는 가난한 농부였지만 소년을 안고 칭찬하며 말했다. 자신은 소년이 노래를 할 줄 알고, 예전보다 훨씬 나아졌다는 것을 알 수 있다고 말이다. 그리고 맨발로 다니며 돈을 모아서 아들의 음악 레슨비를 댔다. 농부 어머니의 칭찬과 격려가 소년의 인생을 바꿨다. 그 소년이 바로 엔리코 카루소였다. 그는 당대에 가장 뛰어나고 유명한 오페라 가수가 되었다.

19세기 초에 런던의 한 청년이 작가가 되기를 갈망했으나 모든 게 그에게 적대적이었다. 4년밖에 학교에 다니지 못했고, 그의 아버지는 빚을 갚지 못해서 감옥에 들어가 있었으며, 그는 자주 배고픔의 고통을 느꼈다. 마침내 청년은 쥐가 들끓는 창고에서 구두약통에 상표를 붙이는 일을 구했고, 밤에는 음침한 다락방에서 다른 두 소년들과 함께 잤다. 그들은 런던 빈민가의 부랑아들이었다.

그는 자기의 글 솜씨에 자신이 없었기 때문에 다른 사람들의 비웃음을 사지 않으려고 본인이 쓴 초고를 모두가 자는 한밤중에 슬그머니 나가 우편으로 부쳤다. 원고마다 거절당했다. 마침내 한 작품이 받아들여지는 위대한 날이 왔다. 실제로 그는 그 원고에 대해서 한 푼도 받지 못했지만 한 편집자가 그를 칭찬했다. 편집자가 그를 인정해 준 것이다. 그는 너무나 감격해서 눈물을 흘리며 거리를 정처 없이 돌아다녔다.

칭찬과 인정을 받았던 그의 원고는 출판되었고, 그의 삶 전체를 바꿔놓았다. 만일 그때 격려를 받지 못했다면, 그는 평생을 쥐가 들끓는 창고에서 보냈을지도 모른다. 당신은 그 청년의 이름을 들어보았을 것이다. 바로 그가 찰스 디킨스였다.

런던에서 또 한 명의 소년이 포목점에서 점원으로 일하며 살았다. 소년은 다섯 시에 일어나 가게를 청소하는 것을 시작으로 하루에 열네 시간을 고되게 일해야 했다. 일은 아주 힘들고 단조로워서 소년은 그 일을 몹시 싫어했다. 2년 뒤, 더 견딜 수 없었던 그는 아침에 일어나 밥도 먹지 않고 15마일을 걸어서 가정부로 일하는 어머니께 가서 말했다.

그는 필사적으로 어머니께 간청하며 울었다. 그 가게에 더 있어야 한다면 차라리 죽는 게 낫다고 호소했다. 그는 예전에 다녔던 학교 교사에게 자신은 너무 비통하며 더 이상 살고 싶지 않다고 애처로운 장문의 편지를 썼다. 그를 가르쳤던 교사는 그를 칭찬했다. 그는 아주 똑똑한 학생이었으므로 더 나은 일을 할 자격이 있다며 교사 자리를 권했다.

이 칭찬이 소년의 미래를 바꾸었고, 영국 문학사에 영원한 족적을 남겼다. 그 소년은 수많은 베스트셀러와 글을 써서 백만 달러를 넘게 벌었다. 그에 대해서 당신도 들어보았을 것이다. 그의 이름은 H. G. 웰스이다.

비판 대신에 칭찬을 하는 것은 B. F. 스키너 교수법의 기본 개념이다. 이 위대한 현대 심리학자는 동물 실험과 인간 실험을 통해서 비판을 최소로 하고 칭찬을 강조할 때 사람의 장점이 강화되고, 단점이 약화됨을 증명하였다.

노스캐롤라이나 주 로키 마운트에 사는 존 링켈스포는 자녀들을 대할 때 이 방법을 활용했다. 아이들이 많은 가정에서 주요 대화 형태는 부모가 아이들에게 소리를 지르는 것이다. 그래서 대부분의 경우에 아이들은 해마다 나아지기보다는 더 나빠졌고, 부모도 마찬가지였다. 이 문제에는 끝이 없는 듯했다.

링켈스포 씨는 이 문제를 해결하기 위해서 강의 때 배운 원칙들을 활용하기로 했다. 그가 이야기했다.

우리는 아이들의 잘못을 늘어놓는 대신에 칭찬을 하기로 결심했습니다. 아이들이 잘못하는 것만 보일 때는 그게 쉽지 않았지요. 칭찬거리를 찾는 게 정말 어려웠습니다. 우리가 그럭저럭 뭔가를 찾아서 칭찬하니, 하루나 이틀 안에 아이들은 속상하게 하는 짓을 그만두었어요. 그리고 다른 잘못들도 점차 안 하게 되었지요.

아이들은 칭찬받을 기회를 찾았습니다. 심지어 바른 일을 하려고 애쓰기까지 했어요. 가족들 모두가 믿을 수 없는 일이었습니다. 물론, 단절 없이 오래 지속되지는 못했지만 도달하고자 하는 기준이 점점 높아졌어요. 이제는 예전처럼 반응할 필요가 없어졌습니다. 아이들은 잘못된 행동보다 바른 행동을 더 많이 하고 있어요.

이것은 모두 아이들이 잘못한 일을 꾸짖기보다 조금이라도 나아지면 칭찬해 준 덕분이다.

우리는 모두 올바르게 평가받고 인정받기를 열망하고, 그것을 얻기 위해서는 무슨 일이라도 할 것이다. 그것을 거짓으로 얻기 원하는 사람은 아무도 없다. 아첨을 원하는 사람은 아무도 없다. 반복해서 말하겠다. 이 책에서 말하는 원칙들은 진심에서 나올 때에만 효과가 있다. 나는 속임수를 옹호하는 게 아니다. 새로운 삶의 방식에 대해서 말하는 것이다.

사람들을 변화시키는 것에 대해서 말해 보자. 만일 우리가 만나는 사람들의 숨겨진 자질들을 깨닫도록 돕는다면, 우리는 그들을 변화시키는 것 이상의 일을 할 수 있다. 그야말로 그들을 개혁시킬 수 있다.

과장이라고? 그렇다면 미국의 뛰어난 심리학자이자 철학자인 윌리엄 제임스의 지혜로운 말을 들어보자.

우리가 가진 잠재성에 비추어볼 때 우리는 단지 반 정도만 깨어 있을 뿐이다. 우리는 우리의 신체적, 정신적 자원의 아주 작은 부분만 사용하고 있다. 그러므로 대체적으로 개개인의 인간은 자신의 한계에 훨씬 못 미치는 삶을 살고 있다. 인간은 다양한 종류의 능력을 갖고 있는데 보통은 그것들을 활용하지 않는다.

그렇다. 이 글을 읽고 있는 당신은 다양한 능력을 갖고 있는데 그것들을 다 사용하지 못하고 있다. 당신이 완전하게 다 사용하지 못하고 있는 능력 중의 하나는, 아마도 다른 사람들을 칭찬하고 그들이 잠재된 가능성을 깨닫도록 돕는 놀라운 능력일 것이다.

능력은 비판 아래서 시들지만 격려 아래서는 꽃을 피운다. 유능한 리더가 되려면 다음 방법을 적용해 보라!

분노나 원한을 사지 않고 상대방을 변화시키는 방법 6

작은 발전에도 칭찬하고, 개선된 모든 부분에 대해서 칭찬하라.
"진심으로 인정하고 칭찬을 아끼지 마라."

7 개에게도 좋은 이름을 지어주어라

유능했던 직원이 형편없이 일하게 되면 당신은 어떻게 하겠는가? 그를 해고할 수는 있지만, 그것으로는 아무것도 해결되지 않는다. 그 직원을 꾸짖을 수 있지만 그것은 대개 원한만 산다. 인디애나 주 로웰에 있는 대규모 화물자동차 대리점의 서비스 부장인 핸리 헨크는 대리점 기계공의 능률이 점점 떨어지는 것을 알게 되었다. 헨크 씨는 그에게 소리치거나 훈계하지 않고 그를 사무실로 불러서 마음을 터놓고 대화를 나눴다.

헨크 씨가 말했다. "빌, 자네는 훌륭한 기계공이야. 이 분야에서 여러 해 동안 일해 왔지. 많은 차들을 고쳐서 고객들에게 만족을 주었어. 사실, 자네가 한 일에 대해서 우리는 칭찬을 많이 받아왔네. 그런데 최근에 자네가 일을 마치는데 시간이 점점 더 오래 걸리고, 자네의 옛날 수준에 못 미치고 있어. 전에 자네가 아주 뛰어난 기량을 보였기 때문에, 나는 요즘 상황에 마음이 편치 않네. 우리가 함께 이 문제를 해결할 수 있는 방법을 찾아볼 수 있지 않을까 하고 나는 생각하네."

빌은 자신의 일 처리 능력이 떨어지는 것은 몰랐지만, 자기가 맡은 일들이 본인의 전문 기술 수준을 벗어나는 일이 아니므로 앞으로는 더 잘해 보겠다고 헨크 씨를 안심시켰다.

그가 그렇게 했을까? 그가 약속을 지켰다고 확신해도 좋다. 그는 다시 신속하고 완벽한 기계공이 되었다. 그는 헨크 씨가 말한 자신의 명성에 부응한 것이다.

사무엘 버클린은 볼드윈 기관차공장의 사장으로 있을 때 이렇게 말했다. "평범한 사람은 그가 당신을 존중할 때 그리고 당신이 그의 능력을 존중할 때 쉽게 이끌 수 있다."

다시 말하면 상대방의 어떤 부분을 개선하고자 한다면, 그 개선하고자 하는 부분이 이미 그의 뛰어난 점 중에 하나인 것처럼 행동하라. 셰익스피어가 말했다. "당신이 갖고 있지 않은 장점이 있다면, 이미 그것을 가지고 있다고 여겨라." 그러므로 상대방에게 개발시켜주고 싶은 점이 있다면 이미 그가 그런 장점을 가지고 있다고 공개적으로 말하는 것이 좋다. 그리고 그가 좋게 생각할 수 있는 평판을 간직하게 해주어라. 그러면 그들은 당신의 환상이 깨지는 것을 보지 않으려고 굉장히 노력할 것이다.

아일랜드 더블린에서 치과의사인 마틴 피츠휴 박사는 어느 날 아침에 환자로부터 입을 헹구는 컵이 더럽다는 지적을 받고 매우 놀랐다. 사실 그 환자는 종이컵을 사용했지만 더러운 장비를 쓰는 것은 확실히 전문가답지 못했다.

환자가 돌아가자 피츠휴 박사는 사무실로 들어가서, 일주일에 두 번 와서 병원을 청소하는 브리짓 아주머니에게 편지를 썼다.

> 친애하는 브리짓!
>
> 저는 아주머니를 거의 보지 못하지만 병원을 늘 깨끗이 치워주시는 것에 대해서 감사하다고 말씀드리고 싶습니다. 어쨌든 일주일에 두 번, 두 시간은 너무 짧으니, 시간이 되시고 때때로 더 해야 할 일이 있으시면 자유롭게 오셔서 30분 정도 컵을 닦는 일 등을 하셔도 좋습니다. 물론 초과 근무에 대해서는 수당을 드리겠습니다.

피츠휴 박사가 이야기했다. "다음 날 아침에 제가 사

무실에 들어가 보니, 제 책상은 깨끗한 유리처럼 반짝였고, 의자도 마찬가지여서 저는 의자에서 거의 미끄러질 뻔했답니다. 진료실에는 제가 지금까지 본 적 없던 반짝반짝 빛나고 깨끗한 크롬 도금한 컵이 놓여 있었어요. 저는 청소부 아주머니가 부응할 만한 존중의 말을 했고, 바로 그 한 마디 때문에 그녀는 그 어느 때보다도 청소를 훨씬 더 깨끗이 했습니다. 아주머니가 얼마나 시간을 더 투자하셨을까요? 맞습니다. 시간을 더 들이지 않았어요."

이런 속담이 있다. "개에게 나쁜 이름을 지어주는 것은 개를 목매다는 것과 같다." 그러나 좋은 이름을 지어주면, 무슨 일이 일어나는지 보라!

뉴욕 브룩클린에서 4학년을 맡고 있는 교사 루스 홉킨스 양은 개학 첫날에 반 아이들 명단을 보다가, 새 학기를 시작하는 흥분과 기쁨에 걱정이 더해졌다. 이번 해에 그녀의 반에 학교에서 가장 '못된 아이'라는 악명이 붙은 토미 T가 있었기 때문이었다.

토미가 3학년이었을 때 담임을 맡았던 교사는 동료들에게 늘 그 아이에 대해서 불평했고, 교장이나 다른 누구도 그 이야기를 듣고 싶어 하지 않았었다. 토미는 장난이 심했을 뿐만 아니라 학급에서 심각한 규율 문제를 일으켰고, 남자 아이들에게 싸움을 걸었고, 여자 아이들을 놀렸다. 또한 선생님도 몰라보았고, 학년이 올라갈수록 더 나빠지는 듯했다. 토미의 유일한 장점은 빨리 배우고, 학교 공부를 쉽게 익히는 것이었다.

홉킨스 양은 토미 문제를 즉시 다루기로 결심했다. 그녀는 반 아이들과 처음 만났을 때 아이들 한 명 한 명을 칭찬했다. "로즈야, 참 예쁜 옷을 입고 왔구나." "알리야, 너는 그림을 잘 그린다고 들었단다." 토미 차례가 오자 그녀는 토미의 눈을 똑바로 보고 말했다. "토미야, 선생님은 네가 타고난 리더라는 것을 안단다. 우리 반을 4학년 중에서 가장 좋은 반으로 만들 수 있도록 네가 선생님을 도와주기 바란다." 그녀는 학기 초에 토미에게 이 말을 여러 번 강조했고, 토미가 하는 모든 일을 칭찬하면서 참 좋은 학생이라고 말해 주었다. 이러한 칭찬에 아홉 살 아이도 그녀를 실망시킬 수 없었다. 토미는 그녀를 실망시키지 않았다.

다른 사람들의 태도나 행동을 변화시켜야 하는 리더 역할을 탁월하게 하려면 다음 방법을 적용해 보라!

분노나 원한을 사지 않고 상대방을 변화시키는 방법 7

상대방이 부응할 만한 좋은 명성을 주어라.

8 잘못을 쉽게 고칠 수 있다고 하라

얼마 전에 마흔 정도 되는 내 친구가 약혼을 했는데, 약혼녀의 설득으로 뒤늦은 댄스교습을 받게 되었다. 내 친구가 그 이야기를 하면서 이렇게 고백했다.

"내가 춤 교습이 필요하다는 것을 하느님도 아실 거야. 왜냐하면 나는 20년 전에 처음으로 춤을 배울 때랑 똑같으니까 말이야. 나를 가르쳤던 첫 선생이 아마 진실을 말했던 것 같아. 그 선생은 내가 다 틀렸다고 말했어. 나보고 처음부터 완전히 새로 시작하라고 했어. 그러나 그 말 때문에 나는 춤을 추고 싶은 마음이 싹 가셨어. 계속할 마음이 없어진 것이지. 그래서 그 선생에게 배우는 것을 그만두었어.

그 다음에 만난 선생은 아마 거짓말을 했을지도 몰라. 그래도 나는 좋았어. 그 선생은 내 춤이 약간 구식이기는 하지만 기초는 잘 잡혀 있다고 태연하게 말했거든. 그리고 내가 새로운 스텝을 배우는데 아무 문제가 없다고 했지. 첫 번째 선생은 나의 잘못만 강조하면서 내 기를 꺾었지만, 두 번째 선생은 그와 정반대로 내가 잘한 것을 계속 칭찬했고 실수를 최소화해서 말했어. '리듬 감각을 타고났어요, 정말 타고난 춤꾼이시네요.' 라고 말이야. 나도 내가 4류 댄서밖에 안 된다는 것을 알아. 그래도 마음 깊은 곳에서는 두 번째 선생 말이 맞을지도 모른다고 생각하고 싶어. 어쨌든 그런 말을 듣고 싶어서 레슨비를 냈지만 말야. 어찌 되었건 리듬 감각을 타고났다고 말해 주어서 지금 이만큼이라도 내 춤 실력이 나아졌다는 것을 나는 아네. 그 말이 내게 용기를 주었어. 희망, 더 잘하고 싶은 마음을 주었지."

당신의 자녀나 배우자 또는 직원에게 그들이 어리석고 바보 같다는 식으로 말하는 것은 도움이 되지 않고, 오히려 그들을 잘못되게 만든다. 나아지고자 하는 모든 마음을 파괴하는 것과 같다. 정반대의 기술을 사용하라. 격려를 아끼지 말고, 그 일을 하기 쉬운 것처럼 말하고, 상대방에게 그 일을 할 능력이 있음을 당신이 알고 있다고 말하라. 그에게 아직 계발되지 못한 재능이 있음을 알려라. 그러면 상대방은 발전하기 위해서 날이 새도록 노력할 것이다.

오하이오 주 신시내티에서 우리의 강좌를 맡고 있는

클레런스 M. 존스는 격려와, 잘못을 바로잡는 일이 쉽다고 한 것이 어떻게 자기 아들의 삶을 완전히 바꿔놓았는지 이야기했다.

1970년, 열다섯 살이었던 제 아들 데이비드가 저와 함께 살려고 신시내티로 왔습니다. 데이비드는 힘든 일들을 겪었어요. 1958년에 차사고로 머리를 다쳐 수술했고 이마에 큰 흉터가 남았지요. 1960년에는 데이비드의 엄마와 제가 이혼을 해서 데이비드는 텍사스의 댈러스로 이사가 엄마와 살았습니다. 아들은 열다섯 살 때까지 댈러스 교육 제도에 따라서 학습 부진아를 위한 특별학급에서 공부했어요. 아마도 이마의 흉터 때문에 학교 관계자들은 데이비드가 뇌 손상을 입어 정상적으로 배울 수 없다고 결론을 내렸던 것 같습니다. 아들은 또래보다 2년이 뒤처져 있었기 때문에 중학교 1학년에 다니고 있었죠. 아들은 구구단을 몰랐고, 손가락을 이용해 더하기를 했으며, 간신히 읽을 줄 알았어요.

그래도 긍정적인 면이 하나 있었습니다. 아들은 라디오와 텔레비전 만지는 것을 아주 좋아했어요. 아들은 텔레비전 기술자가 되고 싶어 했지요. 저는 그 생각을 격려했고, 그렇게 되려면 수학을 배워야 한다고 말해 주었습니다. 저는 아들이 수학을 잘할 수 있도록 돕기로 마음먹었어요. 저와 아들은 곱셈, 나눗셈, 덧셈, 뺄셈 카드 네 벌을 구했어요. 카드를 가지고 정확한 답을 구하는 연습을 했습니다. 아들이 틀리면 제가 정답 카드를 아들에게 주었죠. 이렇게 계속하면서 아들 손에 카드가 남지 않을 때까지 했어요. 저는 아들이 정답 카드를 고르거나, 특별히 전에 틀렸던 문제에 대해서 맞추면 굉장히 칭찬해 주었어요.

매일 밤 우리는 틀린 답이 남지 않을 때까지 연습했습니다. 그리고 8분 안에 틀리지 않고 정답 카드를 다 맞추면 이 연습을 그만두겠다고 약속했어요. 데이비드에게 그것은 불가능한 목표 같았어요. 첫째 날은 52분이 걸렸고, 둘째 날은 48분, 그 다음 날은 45분, 44분, 41분, 그리고 40분 이내로 줄었어요. 우리는 시간이 줄어들 때마다 축하했어요. 저는 아내에게 전화했고, 아들과 저는 서로 껴안고 춤을 추었답니다. 그달 말에 아들은 8분 안에 정답 카드를 완벽하게 맞췄어요. 아들은 조금씩 나아질 때마다 다시 하자고 졸랐어요. 아들은 배우는 것이 쉽고 재미있다는 환상적인 사실을 발견했던 거예요.

자연스럽게 아들의 수학 성적은 뛰어올랐어요. 곱셈을 할 줄 알면 수학이 얼마나 쉽던가요. 아들은 B를 받은 수학 시험지를 받아들고 자신도 놀라워했습니다. 전에는 결코 있을 수 없는 일이었어요. 거의 믿을 수 없을 정도로 빠르게 다른 과목들에서도 변화가 일어났어요. 아들의 읽기 능력이 급속히 향상되었고, 미술에서도 타고난 재능을 발휘했어요. 학년 말에 과학 선생님이 아들에게 전시품을 만들라고 했습니다. 아들은 지렛대의 효과를 보여주는 장치를 만들었어요. 그것을 만드는 데는 회화 실력과 조립 실력뿐 아니라 수학 실력도 필요했어요. 아들의 작품은 교내 과학 박람회에서 1등을 했고 시 대회에서 입상했으며 신시내티 시에서 3등을 했습니다.

아들이 해냈어요. 2년을 낙제했고, '뇌 손상'을 입었다는 말을 들었으며, 반 아이들에게 '프랑켄슈타인'이라고 놀림을 받았고, 머리 수술을 받아서 뇌가 빠져나갔을 거라는 말을 들었던 아이가 해낸 것이었어요. 아들은 자신이 정말 배울 수 있고 어떤 일을 완성할 수 있다는 사실을 발견한 겁니다. 그 결과가 어땠을까요? 아들은 중학교 2학년 후반부터 고등학교 내내 우등생이었고, 고등학생 때는 명예학생 단체에 들어갔어요. 배우는 것이 쉽다는 것을 깨닫자 아들의 삶이 완전히 바뀐 것이지요.

다른 사람이 발전하도록 돕고 싶다면, 기억하라.

분노나 원한을 사지 않고 상대방을 변화시키는 방법 8

격려하라. 잘못을 쉽게 고칠 수 있다고 느끼게 하라.

9 내가 원하는 일을 사람들이 기쁜 마음으로 하도록 만들어라

1915년으로 돌아가 보면, 미국은 경악했다. 유럽 국가들은 이전에 상상할 수 없던 규모로 1년 이상 대량 살상을 저지르고 있었다. 평화가 올 수 있을까? 아무도 알 수 없었다. 그러나 우드로 윌슨은 평화를 되찾기로 결심했다. 그는 유럽의 군 지도자들 회의에 자신의 대리인으로 평화 사절을 보냈다.

국무장관이자 평화의 수호자인 윌리엄 제닝스 브라이언은 그곳에 가기를 열망했다. 거기서 위대한 일을 수행하고 자기 이름을 영원히 남길 기회를 잡고 싶었던 것이다. 그러나 윌슨은 자신의 친한 친구이자 고문인 에드워드 M. 하우스 대령을 임명했다. 그리고 브라이언에게 이 소식을 마음 상하지 않게 전달하는 골치 아픈 임무가 하우스 대령에게 주어졌다.

하우스 대령은 일기장에 이렇게 기록했다. "브라이언은 평화 사절로 내가 유럽에 가게 됐다는 소식을 듣자

눈에 띄게 실망했다. 그는 자신이 직접 이 일을 계획했다고 말했다. …… 나는 이렇게 대답했다. 대통령께서는 이 일을 누군가 공식적으로 하는 것은 현명하지 못하다고 생각하셨는데, 브라이언이 가면 사람들의 이목을 집중시켜 그가 왜 왔는지 사람들이 의아해할 것이라고……."

이 말이 암시하는 것을 알겠는가? 하우스 대령은 실제적으로 브라이언이 그 일을 하기에는 너무 중요한 사람이라고 말한 것이다. 브라이언은 흡족해했다.

세상에 대해서 노련하고 경험도 있는 하우스 대령은 인간관계에서의 중요한 규칙을 따르고 있었다. 그 규칙은 '언제나 당신이 제안하는 일을 상대방이 기쁘게 하도록 만들어라.' 이다.

우드로 윌슨은 윌리엄 깁스 맥아두에게 내각 관료로 일해 달라고 초청할 때에도 이러한 정책을 따랐다. 그가 누군가에게 자리를 임명하는 것은 최고의 영광이었지만 윌슨은 맥아두가 스스로를 훨씬 중요한 사람이라 느끼도록 다음과 같은 방식을 취했다. 맥아두가 그 이야기를 직접 전했다.

"그(윌슨)는 내각을 구성하는데 내가 재무장관 자리를 맡아주면 매우 기쁘겠다고 말했다. 그는 정말 기분 좋게 말했다. 내가 그 일을 받아들이는 것이 그에게 호의를 베푸는 일인 것 같은 인상을 주었다."

그러나 불행히도 윌슨이 언제나 이러한 기술을 사용한 것은 아니었다. 만약 그랬다면 역사는 달라졌을 것이다. 예를 들면, 윌슨은 미국이 국제연맹에 가입하는 일을 상원과 공화당이 기쁘게 받아들이게 만들지 못했다. 윌슨은 엘리후 루트나 찰스 에반즈 휴즈, 헨리 캐보트 롯지와 같은 걸출한 공화당 의원들과 평화 회담에 가기를 거부했다. 그 대신에 별로 알려지지 않은 자신의 당원들과 갔다. 그는 공화당원들을 무시했고, 국제연맹은 자신과 그들이 함께 구상했다고 느끼게 만들지 않았다. 인간관계에서의 미숙한 결과로 그의 경력은 무너졌고, 그 자신은 건강을 해쳐서 생명도 단축되었으며, 미국은 국제연맹에 가입하지 않게 되어 세계 역사가 달라졌다.

정치가와 외교관들만 '당신이 원하는 일을 다른 사람들이 기쁘게 하도록 만들라.' 는 원칙을 사용해야 하는 것은 아니다. 인디애나 주 포트웨인에 사는 데일 O. 페리에는 자신이 자녀들에게 할당한 집안일을 기꺼이 하도록 어떻게 격려했는지 이야기했다.

제프가 해야 할 일 중에 하나는 배나무 아래에서 배들을 주워 다른 사람이 나무 밑의 잔디를 깎을 때 손쉽도록 하는 것이었어요. 제프는 그 일을 좋아하지 않아서 아예 하지 않거나 건성으로 했고, 결국 다른 사람이 잔디를 깎다가 일부러 배를 줍게 했어요. 저는 화를 내며 꾸짖는 대신에 아들에게 말했어요. "제프야, 아빠와 내기를 하자. 네가 바구니 하나에 배를 가득 주워올 때마다 1달러를 주겠다. 그러나 일을 끝낸 뒤에 아빠가 마당에 가서 떨어진 배를 하나 볼 때마다 네가 아빠에게 1달러를 돌려주는 거란다. 어떻게 생각하니?' 예상대로 아들은 배를 다 주워왔을 뿐만 아니라, 나머지 바구니를 채우려고 나무에 달려 있는 배도 따오지나 않을까 제가 계속 지켜봐야 했어요."

나는 친구들로부터 또는 신세를 진 사람들로부터 강연해 달라는 많은 초청들을 받아서 거절해야만 했던 한 사람을 알았다. 그는 아주 솜씨 좋게 거절해서 상대방은 거절당해도 기분 나빠 하지 않았다. 그는 어떻게 그렇게 했을까? 그는 자신이 너무 바쁘다는 등의 사실만 말하지 않았다. 초청해 주어서 고맙다고 한 뒤에, 그 초청에 응할 수 없어서 유감스럽다고 말하고 자신을 대신

할 수 있는 연사를 추천했다. 다시 말해 그는 상대방이 거절당해 기분 나빠 할 틈을 주지 않았다. 그는 즉시 상대방이 초청에 응할 수 있는 다른 연사를 생각하게 만들었다.

서독에서 우리의 강좌를 들은 권터 슈미트는 자신이 운영하는 식품가게의 점원에 대해서 이야기했다. 그 점원은 상품을 진열한 선반에 가격표를 정확하게 붙여 놓는 일에 태만했다. 그래서 혼란이 생기고 고객들이 항의했다. 슈미트 씨가 잔소리하고 훈계하고 화를 내도 문제는 고쳐지지 않았다. 결국 슈미트 씨는 그녀를 사무실로 불러서, 가격표 전담 주임으로 임명하므로 그녀가 선반의 모든 가격표를 책임지고서 맞게 부착해야 한다고 말했다. 새로운 직책과 책임을 맡자 그녀의 태도는 완전히 달라졌고, 그때 이후로 그녀는 임무를 완벽하게 수행했다.

유치하다고? 아마 그럴지도 모른다. 이것은 나폴레옹이 '레지옹 도뇌르' 훈장을 제정해서 1만 5천 명의 병사들에게 수여하고, 장군 18명은 '프랑스 육군원수'라 임명하고, 자신의 군대를 '대 육군'이라 명명했을 때 사람들이 했던 말이다. 나폴레옹은 전쟁에서 단련된 용사들에게 '장난감'을 준다는 비난을 받고 이렇게 대답

했다. "사람은 장난감의 지배를 받는다."

직책과 권위를 주는 기술은 나폴레옹에게 효과적이었고, 당신에게도 효과를 발휘할 것이다. 예를 들면 뉴욕 주 스카즈데일에 사는 내 친구 어니스트 젠트 부인은 아이들이 잔디밭으로 뛰어 들어와 잔디를 망쳐서 고민이었다. 그녀는 아이들을 혼내기도 하고, 달래기도 했으나 아무것도 효과가 없었다. 그래서 그녀는 제일 말썽쟁이인 소년에게 직함과 권위를 주었다. 그 소년에게 '탐정'이라는 직함을 주고 아무도 잔디밭에 들어오지 못하게 지키는 임무를 준 것이다. 이것이 문제를 해결해 주었다. 그녀의 '탐정'은 뒷마당에 모닥불을 피우고 쇠를 시뻘겋게 달구어서 누구든지 잔디밭에 발을 들여놓으면 낙인을 찍어주겠다며 겁을 주었던 것이다.

유능한 리더는 태도나 행동을 변화시켜야 할 때 다음의 지침을 명심해야 한다.

1. 성실하라. 당신이 할 수 없는 일은 아무것도 약속하지 마라. 당신의 이익은 잊고 다른 사람의 이익에 집중하라.
2. 당신이 다른 사람에게 원하는 것을 정확히 알라.
3. 다른 사람과 공감하라. 다른 사람이 진짜 원하는

것이 무엇인지 자신에게 물어보라.

4. 당신의 제안을 받을 사람의 이익을 생각해 보라.
5. 그러한 이익을 다른 사람이 원하는 것과 일치시켜라.
6. 요청할 때 그것이 상대방에게 이익이 될 것임을 암시하는 형식을 취하라.

때때로 우리는 다음과 같이 무뚝뚝하게 명령한다. '존, 내일 고객들이 오니까 가게를 치워주세요. 쓸고, 물품들을 선반에 잘 얹어두고, 계산대를 닦으세요.' 그러나 다음과 같이 말하면 동일한 내용을 존이 얻게 될 이익과 함께 전달할 수 있다. '존, 우리가 지금 해야 할 일이 생겼어요. 지금 하면 나중에 하지 않아도 돼요. 내일 고객들을 몇 명 초대했는데 그들에게 가게를 보여주고 싶어요. 그런데 가게 상태가 아주 안 좋아요. 존이 쓸고, 물품들을 선반에 잘 얹고, 계산대를 닦아주면 우리가 부지런해 보일 것이고, 회사 이미지를 좋게 만드는데 당신 몫을 잘 해냈음을 증명할 수 있을 거예요.'

이렇게 제안하면 존은 일을 하면서 기분이 좋을까? 아마 그렇게 기쁘지는 않겠지만, 그가 얻을 이익을 언급하지 않았을 때보다는 기쁘게 할 것이다. 존이 가게

의 상태에 대해서 자부심을 갖고 회사 이미지에 기여하는데 관심이 있다는 사실을 당신이 안다고 가정하면, 그는 좀 더 기쁘게 협조할 것이다. 그리고 일을 지금 해두면 나중에 힘들게 하지 않아도 된다고 말하는 것도 마찬가지 효과를 낼 것이다.

이런 식으로 접근하면 언제나 상대방이 호의적으로 반응할 것이라고 믿는다면 너무 순진한 태도일 것이다. 그러나 경험으로 볼 때 대부분의 사람들은 이 원칙을 사용할 때, 그렇지 않을 때보다 더 기꺼이 태도를 변화시킨다. 그리고 당신이 단 10퍼센트만 성공한다고 해도, 당신은 전보다 10퍼센트 더 유능한 리더가 된다. 이것이 당신에게 오는 이익이다.

사람들은 다음과 같이 할 때 기꺼이 당신이 바라는 행동을 한다.

분노나 원한을 사지 않고 상대방을 변화시키는 방법 9

당신이 제안한 일을 상대방이 기쁘게 하도록 만들어라.

분노나 원한을 사지 않고 상대방을 변화시키는 방법

리더가 될 때 따라야 할 몇 가지 제안들이다.

원칙1. 칭찬과 진실한 감사로 시작하라.

원칙2. 상대방의 실수를 간접적으로 알게 하라.

원칙3. 상대방을 비판하기 전에 먼저 당신의 실수를 말하라.

원칙4. 직접 명령하지 말고 질문을 하라.

원칙5. 상대방의 체면을 세워주어라.

원칙6. 작은 발전에도 칭찬하고, 개선된 모든 부분에 대해서 칭찬하라.
"진심으로 인정하고 칭찬을 아끼지 마라."

원칙7. 상대방이 부응할 만한 좋은 명성을 주어라.

원칙8. 격려하라. 잘못을 쉽게 고칠 수 있다고 느끼게 하라.

원칙9. 당신이 제안한 일을 상대방이 기쁘게 하도록 만들어라.

당신이 이 책에 언급된 원칙들을 적용하여 얻은 좋은 경험을 이름과 날짜, 결과까지 구체적으로 기록하라. 그러면 당신이 더 큰 노력을 기울이도록 자극이 될 것이다.